JEAN BERLEUX

LA Caricature Politique EN FRANCE PENDANT LA GUERRE, LE SIÈGE DE PARIS ET LA COMMUNE
(1870-1871)

PARIS
LIBRAIRIE LABITTE, ÉM. PAUL ET Cie
4, RUE DE LILLE, 4

LA
CARICATURE POLITIQUE
EN FRANCE
PENDANT LA GUERRE, LE SIÈGE DE PARIS
ET LA COMMUNE
(1870-1871)

DU MÊME AUTEUR

Peines de Cœur (signé W. O'Cantin), nouvelles. (*Épuisé.*)
Cousine Annette, roman. (*Épuisé.*)
Les Passions étranges, nouvelles.
La Fin de Murat, drame.

En préparation :

Honnêtes ! Étude d'une passion, roman.

JEAN BERLEUX

LA
CARICATURE POLITIQUE
EN FRANCE

PENDANT LA GUERRE, LE SIÈGE DE PARIS

ET LA COMMUNE

(1870-1871)

PARIS

LABITTE, ÉM. PAUL ET Cie

LIBRAIRES DE LA BIBLIOTHÈQUE NATIONALE

4, RUE DE LILLE, 4

1890

AVANT-PROPOS

Il y a environ dix ans (je crois bien que c'était en 1879), je me trouvais à Amiens chez un antiquaire, et je marchandais deux tableaux du xve siècle qui me plaisaient fort, lorsque mes yeux se portèrent tout à coup sur un lot de paperasses oublié dans un coin. Machinalement je le feuilletai.

Il y avait là pêle-mêle une centaine de caricatures représentant Napoléon III, l'impératrice Eugénie, Thiers, Trochu, Jules Favre, Bismarck, l'empereur d'Allemagne, etc., quelques-unes drôles, un grand nombre insignifiantes, beaucoup ignobles.

Comme je n'étais pas d'accord avec le marchand sur le prix de mes tableaux, et qu'il ne voulait rien rabattre :

— « Donnez-moi ce lot par-dessus le marché », lui demandai-je.

Il y consentit. Ce fut là l'origine de ma collection.

Cependant le goût des caricatures parues pendant la guerre de 1870 et la Commune ne m'était pas encore venu. J'avais mis de côté, sans y penser davantage, mon acquisition qui, par le fait, ne m'avait rien coûté, lorsque quelques mois plus tard, passant un beau jour à l'hôtel Drouot, le hasard m'amena dans une salle où se vendaient, au milieu d'un public très restreint, des caricatures que je reconnus être semblables aux miennes. Pour une quarantaine de francs j'en eus une pile énorme. Rentré chez moi, je me mis en devoir de les classer.

Ignorant comme je l'étais alors, je passai huit jours à les débrouiller, et encore je dus plusieurs fois recommencer mon travail. Ce classement était la chose du monde la plus ardue : les douze ou treize cents pièces que je possédais formaient un tas gigantesque. Souvent je fus obligé d'abandonner l'ordre que j'avais choisi pour en accueillir un autre. C'est ainsi que tout d'abord j'avais pensé réunir dans des cartons séparés (comme l'avait fait M. Du Seigneur dans la collection que possède le musée Carnavalet) la *Famille impériale*, les *Thiers*, les *Trochu*, les *Caricatures sur l'Allemagne*, les « *Actualités* ». Ce classement ne me satisfaisait point, et j'y renonçai bien vite. Toutes ces faces grimaçantes dansaient devant mes yeux, me poursuivaient jusque dans mon sommeil : je pensai y perdre la tête.

C'est alors que je compris la nécessité du classement par dessinateur et par ordre alphabétique, comme le seul possible, le seul présentant une unité véritable. C'est celui que j'ai adopté dans cet ouvrage.

Chose étrange, comme l'a très justement fait remarquer M. Grand-Carteret dans son remarquable ouvrage *les Mœurs et la Caricature en France*, cette période pourtant féconde n'a produit aucun *véritable caricaturiste*. En effet, à part Cham, Bertall, Draner, Daumier, dont le crayon a bien vieilli; Pilotelle, membre de la Commune, ancien dessinateur à l'*Éclipse*, qui possède une véritable envergure dans ses compositions; Alphonse Lévy, un peintre de mérite fourvoyé; Pépin et Hadol, à l'aurore de leur amusant talent,

dans cette éclosion phénoménale de caricaturistes, combien peu méritent d'en porter véritablement le nom !

Gill, l'illustre Gill, a cessé ses superbes actualités avec le Quatre Septembre; Montbard produit à peine deux ou trois belles pièces; Belloguet possède une facture abracadabrante, mais souvent incompréhensible; Moloch a un coup de crayon humoristique, mais presque toujours grossier; Faustin et de Frondas, dont la production fut énorme, ne sont pas sans mérite mais versent trop souvent dans la quasi obscénité. Surtout que dire des Corseaux, des Flambart, des Gaillard, des Herluison, des Holb, des Renaux, des Taltimon, etc.? Faut-il parler également de P. Klenck, qui, sous des signatures diverses, inonda Paris de ses malpropres élucubrations? Ne vaudrait-il pas mieux passer également sous silence ces séries érotiques, que leurs auteurs n'eurent pas le courage de signer, reproductions de honteuses débauches, qui cependant ont été *lithographiées !*

Dans ce classement que j'ai adopté, j'ai noté avec soin dans un ordre méthodique, mais cependant en m'arrêtant seulement aux caricatures et aux allégories (1), toutes les pièces parues de la déclaration de la guerre contre la Prusse à la chute de la Commune. Cependant j'ai cru bon d'y annexer un grand nombre de compositions relatives à la Commune, mais parues pendant le courant de l'année 1871, quelques-unes même au commencement de 1872. C'est, à mon avis, le couronnement nécessaire de toute collection sérieuse. J'ai donné à toutes ces compositions une mention spéciale. Elles n'offrent d'ailleurs qu'un intérêt relatif, la plupart ayant été publiées dans les journaux illustrés.

J'ai cru nécessaire également d'indiquer les différents

---

(1) Par exception, j'ai cru devoir noter également les scènes de la guerre ou de la Commune, dues *exclusivement* à la plume des caricaturistes, ayant rencontré ces pièces dans la plupart des collections que j'ai eues entre les mains.

tirages, quand il en existe. Car il y a eu des tirages différents, des réimpressions, voire même des contrefaçons. Dans un grand nombre de pièces, les différences sont très minimes, et ne sauraient être découvertes que par un œil exercé ; d'autres, au contraire, sont fort grossières. En voici la raison : plusieurs de ces caricatures ayant eu du succès ont été réimprimées soit par le même éditeur, soit par un éditeur nouveau (dans ce dernier cas, la mention de l'éditeur suffit pour déterminer le tirage différent); d'autres, tout bonnement, ont été habilement contrefaites tant à l'époque de leur apparition qu'en 1872. Il y eut même alors des contrefacteurs passés maîtres dans cette sorte de science. Aujourd'hui que près de vingt ans se sont écoulés, le collectionneur recherche les unes comme les autres. Aucune collection ne peut se dire véritablement complète, si elle ne renferme les différents spécimens.

La plupart des caricatures politiques parues pendant la période qui nous occupe furent publiées *tirées à part*, sur feuilles volantes, que l'on accrochait à la devanture des kiosques et des marchands de journaux. Ces publications éphémères achetées par ceux-ci, déchirées par ceux-là, quand elles n'étaient pas détruites par la pluie et le mauvais temps, donnent bien la note véritable du dévergondage de la rue pendant cette époque troublée. Les ignominies souvent obscènes à l'adresse de l'Empereur, de l'Impératrice, du Prince Impérial s'étalent ainsi en plein air, bientôt suivies, comme un juste châtiment, d'ignominies pareilles à l'adresse des hommes du 4 Septembre, Trochu et Jules Favre en tête. Je ne parle pas des allusions patriotiques, et des flots d'injures déversés sur les Prussiens, Bismarck et l'empereur Guillaume souvent accouplés à Napoléon III et à la famille impériale.

Pendant la durée de la Commune, l'Empire, les Prussiens

et le 4 Septembre sont délaissés. C'est M. Thiers qui fait tous les frais : on le représente comme un monstre altéré du sang des Parisiens. Les d'Orléans ne sont pas non plus oubliés : c'est ainsi qu'une guillotine est offerte au Comte de Paris (1). Entre temps, on vomit des saletés sur la Religion et les Prêtres (2).

Parmi toutes ces charges plus ou moins répugnantes, quelques-unes tirées à un petit nombre d'exemplaires dans des quartiers excentriques ou bien livrées à la publicité dans des périodes de troubles, par exemple pendant la dernière semaine de résistance de la Commune (3), sont presque introuvables. D'autres doivent leur rareté à des causes d'ordre absolument privé, comme cette charge de Pilotelle, représentant M. de Villemessant, directeur du *Figaro*, fournissant aux Prussiens des femmes pendant le siège. Il va sans dire qu'une fois l'ordre rétabli, M. de Villemessant n'eut rien de plus pressé à juste titre que de faire détruire ces infamies.

Il ne faut pas croire cependant que toutes ces caricatures paraissaient ainsi d'une façon irrégulière. Un grand nombre se succédèrent par séries; il y eut même des éditeurs qui eurent recours à des dessinateurs différents. Dans cet ordre d'idées, on peut citer les publications de l'éditeur Grognet et parmi ces publications les « *Actualités* » qui n'eurent pas moins de 87 numéros, depuis la déclaration de la guerre jusqu'aux derniers jours de la Commune (les dessinateurs principaux furent Dutasta, Baudet, P. Klenck, Faustin, de la Tremblais, Rosambeau, etc.).

Toutes les séries ont été soigneusement numérotées; une table en a même été annexée à la fin de ce volume.

---

(1) Pilotelle. — La poire et le couteau.
(2) Moloch. — Série connue sous le nom « les Prêtres ».
(3) Comme « la Sainte messe » de Moloch, habilement contrefaite en 1872.

Quant aux séries avec dessinateurs différents, le collectionneur les trouvera indiquées d'une façon complète, non seulement par numéros au nom du dessinateur mais également au nom de l'éditeur, classé par ordre alphabétique (1).

Peu de journaux à charges continuèrent à paraître pendant la guerre et la Commune. D'autres n'eurent qu'un ou deux numéros. La liste complète avec les dates de l'apparition, de la disparition ou de la réapparition se trouve très exacte à la table des matières. Cependant il y en eut un, le *Charivari*, qui continua sa publication pendant la période presque entière. La *Chronique illustrée* reparut pendant le siège. Un autre, le *Grelot*, se fonda en pleine Commune. Aussi, ai-je cru utile d'adjoindre à l'énumération des caricatures sur feuilles séparées, la liste, également par noms de dessinateurs, de toutes celles parues dans les journaux illustrés et non tirées à part. J'ai pensé que je rendrais ainsi service à un grand nombre de collectionneurs, et qu'en outre cette extension était nécessaire pour justifier mon titre : « LA CARICATURE POLITIQUE EN FRANCE PENDANT LA GUERRE, LE SIÈGE DE PARIS ET LA COMMUNE.

J'ai pu mener à bien ce travail ingrat grâce à l'extrême obligeance que j'ai rencontrée auprès des conservateurs de nos bibliothèques publiques. Je dois tout d'abord remercier mon confrère M. Henri Céard, qui, m'ayant ouvert les portes du Musée Carnavalet (2), m'a mis en relations avec M. Cousin, son éminent directeur. Je tiens également à rendre hommage à la parfaite courtoisie de M. Nuiter, bibliothécaire de l'Opéra,

---

(1) J'ai cru devoir ajouter en appendice les caricatures parues en Belgique, caricatures avec *légendes françaises*; ces caricatures ont été pour la plupart publiées par *séries*.

(2) Le Musée Carnavalet possède deux collections très intéressantes, la collection Du Seigneur, très importante mais très mal classée, et la collection Delahaye, moins considérable.

qui possède de précieuses collections des journaux illustrés parisiens à toutes les époques.

Puisque je suis sur le chapitre des remerciements, je ne veux pas oublier non plus ceux des amateurs qui ont bien voulu m'ouvrir leurs cartons : M. Grand-Carteret, l'auteur émérite des publications les plus récentes sur la Caricature moderne; M. Bryndza, l'aimable correspondant du « *Tagblatt* » de Vienne; mon ami M. Sarlande, le collectionneur de toutes les pièces, caricatures ou non, relatives aux Napoléons; MM. Louis Tardent, Loys Brueyre, F. Wurtz, les libraires Sapin et Brunox, etc., sans oublier M. Desban, un fureteur consciencieux connu de tous les amateurs. Tous ces messieurs sont bien un peu mes collaborateurs dans le travail que je présente au public.

Ce livre, en effet, n'a d'autre prétention que d'être un *catalogue*, le catalogue détaillé et aussi complet que possible des caricatures parues en 1870-71. Dix ans de recherches n'ont pas été trop pour arriver à ce résultat : j'espère y être parvenu.

Rien de sérieux n'a, en effet, été tenté jusqu'à présent; à part les *Publications de la Rue pendant le Siège et la Commune*, par Firmin Maillard, éditées par A. Aubry en 1874, volume qui ne parle que des placards illustrés ou non, et, dans les *Mœurs et la Caricature en France*, de Grand-Carteret, la partie qui traite de 1870-71, aucun ouvrage ne venait en aide aux nombreux collectionneurs de cette intéressante période.

J'ai eu la bonne fortune, en possédant d'ailleurs une grosse partie, d'avoir entre les mains *toutes* les pièces que j'ai décrites dans ce travail. C'est dire avec quels soins et quelle patience il a été fait.

Les nombreuses reproductions qui le complètent, et qui ont été ajoutées, tant pour rompre la sécheresse inévitable d'un tel livre, que pour donner un aperçu rapide du but que l'on s'est proposé, ont été choisies parmi les plus rares ou les plus curieuses. Ainsi habillé, cet ouvrage présente un aspect chatoyant qui permettra au lecteur de le suivre avec plus d'intérêt.

JEAN BERLEUX.

Paris, février 1890.

ALEXIS (W.)

Loin du monde. Saillant, éditeur; lithographie Barousse.

Nos Despotes. Duclaux, éditeur; dépôt chez Madre; lithographie Barousse.

Un Prétendan... (sic). Duclaux, éditeur; dépôt chez Madre; lithographie Barousse.

Le Retraité de Wilhemshohe. Duclaux, éditeur; dépôt chez Madre; lithographie Barousse.

ACTUALITÉS. Saillant, éditeur; lithographie Barousse :

1. *A pas peur Guillaume.* | 2. *Jules Favre, Trochu et son plan.*

L'Embarras d'une proclamation. Duclaux, éditeur; dépôt chez Madre; lithographie Barousse.

ACTUALITÉ. *Nos prêtres ne sont pas, etc.* Duclaux, éditeur; dépôt chez Madre; lithographie Barousse.

ACTUALITÉ. *Pauvre Comte de Paris, etc.* Saillant, éditeur; lithographie Barousse.

La République menacée. Saillant, éditeur; lithographie Barousse.

Le Chef de cuisine bordelaise. Saillant, éditeur; lithographie Barousse.

Têtes pour cannes et manches de parapluie. Saillant, éditeur; lithographie Barousse.

Les Pleurnicheurs. Saillant, éditeur; lithographie Barousse.

Dire que ce petit vieux-là, etc. Duclaux, éditeur; lithographie Barousse.

Les Sbires. Duclaux, éditeur; lithographie Barousse.

La Colonne Vendôme. Duclaux, éditeur; lithographie Barousse.

Le Père Duchêne en colère. Duclaux, éditeur; lithographie Barousse.

Paris. — Je veux être libre, etc. Duclaux, éditeur; lithographie Barousse.

La Mère Patrie. Duclaux, éditeur; lithographie Barousse.

Entrée du Charlemagne moderne. Saillant, éditeur; lithographie Barousse.

Sans signature, attribuée à *W. Alexis.*

ALIX.

Enfance de Bismark. Saillant, éditeur; imprimerie Coulbœuf.

Sans signature, attribuée à *Alix.*

ALLARD-CAMBRAY.

ACTUALITÉ. *Ces choses-là n'arrivent qu'à moi, etc.* Madre, éditeur; lithographie Barousse.

ACTUALITÉ. *M'ame Thiers entremetteuse*, etc. Madre, éditeur; lithographie Barousse.

ACTUALITÉ. *Se regardant en chien de faïence.* Madre, éditeur; lithographie Barousse.

ACTUALITÉ. *Vois-tu fieu!* etc. Madre, éditeur; lithographie Barousse.

Sans signature, attribuée à *Allard-Cambray*.

ACTUALITÉS GROGNET. — Voir le numéro ci-dessous, page 85 :
72. *Quelques membres de l'Assemblée Nationale.*

ALLEMAGNE (d').

Ventre affamé n'a pas d'oreille. Sans nom d'éditeur ni d'imprimeur.

AMELOT.

Le Vainqueur et ses lauriers. Imprimerie Caillot.
Paris, guidé par la Liberté, relève Strasbourg. Lithographie Caillot.

Sans signature, attribuée à *Amelot*.

ACTUALITÉ. *Qu'ils y viennent, à présent, les Prussiens*, etc. (*La Charge*, n° 22, 10 septembre 1870.)

Non tirée à part.

AMOROUSMAU, éditeur à Bordeaux.

L'Ours Martin.
Toilette de la ville de Paris.
Le Nouveau Chiffonnier.
Les Trois Larrons.
Don Quichotte et son ami.
Supplice de Badinguet.
Le Roi des ivrognes à Versailles.
Le Bal des Chicards à Versailles.
Badinguet en Allemagne.

Ces neuf pièces sont sans signature.

ANCOURT.

La Fin de la Légende. A. de Saint-Étienne, éditeur; lithographie Grandjean et Gascard.

> Superbe pièce, très rare; il en existe des exemplaires sur chine.

Conseil aux Peuples ou Moyen d'avoir la paix immédiatement.

> Sans signature, attribuée à Ancourt.

Grande Marche de la Prusse. Imprimerie Fraillery.

> Sans signature, attribuée à Ancourt; parue sous l'Empire.

Général Uhrich. Portrait. Typographie Guillet; V⁰ Roger, éditeur.

ANDRIEUX.

SOUVENIRS D'UN ASSIÉGÉ. — 30 planches. — Lecomte, éditeur; imprimerie A. Bry :

1. *Aux Remparts.*
2. *Ne demandant qu'à aller au feu.*
3. *Allons, l'ami, d'pêche-toi,* etc.
4. *Pour un peu de cheval, qu'l métier de chien.*
5. *Francs-fileurs. — Que veux-tu, mon cher,* etc.
6. *Le Bombardement. — Bons Allemands !* etc.
7. *Dans les baraques. — Dormez donc un peu,* etc.
8. *Aux Remparts. — Deux heures c'est bien vite passé,* etc.
9. *Garde Nationale. Compagnie de marche.*
10. *Francs-fileurs. — Pauvre Nini,* etc.
11. *Aux Avant-postes. — As-tu jamais chassé la grosse bête ?*
12. *Rien de bon comme le bois vert,* etc.
13. *Après le Combat.*
14. *C'est ça qu'on appelle courir ventre à terre.*
15. *Une cantine nationale.*
16. *Ce n'est pas ce bouillon-là,* etc.
17. *Ce qu'on appelle un bon coup de fourchette.*
18. *Arrivée des mobiles de province à Paris.*
19. *Allons ! la petite mère,* etc.
20. *Le Jour de la bataille.*
21. *Les Prisonniers prussiens.*
22. *M. et Mme Joséphine.*
23. *Autant de pris sur l'ennemi.*
24. *Entrée des habitants de la banlieue.*
25. *Pendant la Garde.*
26. *Avant-poste à Créteil.*
27. *Les Francs-Tireurs.*
28. *Des Canons, encore des canons,* etc.
29. *Départ des compagnies de marche.*
30. *Les Petits Marchands d'obus.*

LA FIN DE LA LÉGENDE

ARTIGUE (Albert).

Gouvernement de la défense nationale. Gondin, éditeur à Bordeaux; imprimerie Roques.

14 portraits.

BALSAMO (Louis). *Voir* **CORSEAUX.**

BAR (G.)

ACTUALITÉ. Madre, éditeur; imprimerie Grognet :

1. *Six d'un coup; je suis dépassé.* | 2. *Samson, Dalila.*

ACTUALITÉ. *L'Auteur des Châtiments*, etc. Madre, éditeur; lithographie Barousse.

ACTUALITÉ. *Mode de transport adopté par l'exécutif*, etc. Chez Duclaux; dépôt chez Madre; lithographie Lemaine.

ACTUALITÉ. *O Richard, ô mon roi*, etc. Duclaux, éditeur; lithographie Barousse.

Actualité. *Le Peuple te comprend! Vois sa force.* In-8 oblong. Saillant, éditeur; lithographie Barousse.

Le Chatiment. *La Justice du Peuple.* Gr. in-8. Chez Duclaux; dépôt chez Madre; lithographie Lemaine.

Souvenir du siège. *Gardes nationaux*, etc. Saillant, éditeur; lithographie Barousse.

La Nouvelle Mitrailleuse. Lithographie Walter.

    Parue sous l'Empire.

Quelle différence. Lithographie Walter.

    Parue sous l'Empire.

Actualités Grognet. — Voir les numéros ci-dessous, pages 85 et suivantes :

63. *Picard avocat, Picard ministre.*
70. *Excellence, notre destinée est entre vos mains*, etc.
71. *Marche triomphale des Ruraux sur Paris.*
73. *Donnez-moi le commandement de l'armée*, etc.
82. *Gustave Flourens.*
86. *Les Favoris de la mort.*

Types du jour. En vente chez Grognet. — Voir les numéros ci-dessous pages 86 et 87 :

1. *La France et Paris.*
2. *Comment c'est toi, mon vieux Félix*, etc.
8. *Badinguet. — Allons, Louis, de la tenue*, etc.
10. *Dire que sous la Commune j'en aurais eu ma part.*

BAUDET, *pièces signées :* AB.

La Balayeuse nationale. Chanson. Dépôt chez Madre; imprimerie Grognet.

La Capitulation de Sedan. Chanson. Dépôt chez Madre; imprimerie Grognet.

Les Remparts de Paris. Chanson. Dépôt chez Madre; imprimerie Grognet.

Un Général passé au bleu de Prusse. Chanson. Dépôt chez Madre; imprimerie Grognet.

La Badinguette. Chanson. Dépôt chez Madre; imprimerie Grognet.

    Sans signature, attribuée à *Baudet*.

La Statue de Strasbourg. Chanson. Dépôt chez Madre; imprimerie Grognet.

Sur l'air des *Bœufs*.

La Statue de Strasbourg. Chanson. Dépôt chez Madre; imprimerie Grognet.

Autre état sur l'air de la *Marseillaise*. Différences notables dans les paroles.

La Statue de Strasbourg. Chanson. Dépôt chez Madre; imprimerie Grognet.

Autre état et autres différences.

La Patrie en danger. Chanson. Dépôt chez Madre; imprimerie Grognet.

La Patrie en danger. Chanson. Dépôt chez Madre; imprimerie Grognet.

État différent. Différences dans les ombres.

Calendrier républicain, 1871. Chanson. Dépôt chez Madre; imprimerie Grognet.

Même lithographie que la *Patrie en danger*.

ACTUALITÉS GROGNET. — Voir les numéros ci-dessous pages 85 et suivantes :

4. *Je veux bien rendre mon bâton*, etc.
5. *Comment, co-quin, tu veux manger ton aigle*, etc.
6. *Une entrée à Berlin*, etc.
7. *Une fuite en Égypte*, etc.
8. *Le jeu de quille.*
9. *Quand on a tout perdu*, etc.
10. *Ah ! çà, voyons Badinguet*, etc.
11. *Voyons, puisque nous nous retrouvons*, etc.
12. *La République chassant la basse-cour des Tuileries*, etc.
15. *Les Sabots et les Toupies du jour.*
16. *Ils ne tenaient plus qu'à un fil*, etc.
17. *Ah! çà, dis donc, mon vieux Guillaume*, etc.
20. *Regrets d'une jolie femme.*
23. *Regarde donc, Fleury, ma femme*, etc.
26. *Comment je vous dis de me peindre*, etc.

BAYLAC (A.)

LES TRIBOULET. *Don Quichotte et Tortillard.* In-8. En vente chez Baylac; imprimerie Lemaine.

LES HOMMES NOIRS. In-8. En vente chez Baylac; imprimerie Lemaine.

Les Girouettes. En vente chez Baylac ; imprimerie Lemaine :

L'Éloquence de Me Jules Favre.	*M. Thiers et les Abeilles.*
La Lumière et l'Éteignoir.	*La Veuve Thiers.*

Les Criminels célèbres. *Métamorphoses.* En vente chez Baylac ; imprimerie Lemaine.

> Tirée sur papier de différentes couleurs.

Le Sire de Franc-Boisy. Chanson. En vente chez Baylac ; imprimerie Lemaine.

Le Rêve de l'Ivrogne. Chanson. En vente chez Baylac ; imprimerie Lemaine.

Badinguet. Chanson. En vente chez Baylac ; imprimerie Lemaine.

Badinguette. Chanson. Chez L. Paul ; lithographie Lemaine.

> Sans signature, attribuée à Baylac.

Badinguette. En vente chez Claverie.

> Tirage différent du précédent.

Badinguette. Se trouve chez Claverie.

> Autre état.

L'Andalouse. Chanson. Chez L. Paul ; imprimerie Lemaine ; en vente chez Claverie.

> Sans signature, attribuée à Baylac.

Le Renégat. Chanson. Chez L. Paul ; imprimerie Lemaine ; dépôt chez Madre.

Les Nouveaux Châtiments, *ou les Lauriers sanglants*, par Julius. Brochure in-12.

> Frontispice attribué à *Baylac.* Tirage en sanguine.

BELLOGUET (A.)

Les Allumettes fantastiques. Qui en souffre... ???... In-8. Imprimerie Noizette.

Cocasserie dédiée à la jeunesse. Lithographie Jeannin.

Hallucination topographique. In-fol. Imprimerie Fraillery.

Jour des Roys. In-fol. Imprimerie Dupuy.

Siège culinaire. In-fol. Imprimerie Lemercier; E. Bulla, éditeur.

Jeu d'oie parlementaire. Sans nom d'éditeur ni d'imprimeur.

L'Europe animée. In-fol. Bulla fils, éditeur; imprimerie Lemercier, août 1870.

Borne réaction. Les Points noirs. Chez Belloguet; imprimerie Marchandeau.

La France en armes. Croquis encadrant les portraits de Bazaine, Trochu et Mac-Mahon.

> Superbe pièce dont il n'existe que des épreuves; les portraits de Bazaine et Trochu sont rapportés.

Rossel. Portrait. Imprimerie Noizette; dépôt partout.

Vous m'entendez bien. Chanson, paroles de Mouvement, musique de Balancier, à Paris, chez Coucou ah le voilà! Propriétaire éditeur, Lefman et Lourdel.

Le Carnaval des Singes. (*Chronique illustrée*, n° du 24-31 décembre 1871.)

> Non tirée à part.

Ombres. (*Le Gugusse*, n° du 16 juillet 1870.)

> Non tirée à part.

PILORI-PHRÉNOLOGIE. Série de 13 pièces. Imprimerie Marchandeau :

1. *Napoléon III.*
2. *Pie IX.*
3. *Olivier Iscariote.*
4. *SS. Guillaume le Boucher.*
5. *Bismarkoff Ier.*
6. *Bazaine de Metz.*
7. *Rouher le Mignon.*
8. *Pierre l'Assassin.*
9. *Bonaparte le Corse.*
10. *Trochu de Paris.*
11. *Thiers l'Ancien.*
12. *Le Bœuf.*
13. *Favre dit le Grand Jules.*

> Collection extrêmement rare, complète.
> Le *Pilori-Phrénologie* a été poursuivi après la publication du n° 5 (la Patrie en danger, journal de *Blanqui*, n° du 23 novembre 1870).
> On trouve d'autres tirages du PILORI-PHRÉNOLOGIE : *Lithographie Fraillery, Imprimerie Grognet, Sans nom d'imprimeur*, et *En vente chez l'auteur*.

PILORI ÉTERNEL. Imprimerie Grognet; chez Deforest :

1. *Qui...???*
2. *La Bouteille à l'encre.*
3. *Le Prussien de l'intérieur.*

PILORI ÉTERNEL. Imprimerie Fraillery.

    Tirage différent des trois pièces précédentes.

PILORI CAPITOLE. Chez Belloguet ; lithographie Fraillery :

1. *Garibaldi.*

PILORI CAPITOLE. Imprimerie Grognet.

    Tirage différent.

PHRÉNOLOGIE-TOPOGRAPHIE de la France en 1871 :

1. *Département de Seine-et-Oise.* Imprimerie Fraillery.
2. *Département de la Seine.* Imprimerie Fraillery.

FANTAISIES SATIRIQUES :

1. *Le Pot de fer et le Pot de terre.* Chez Deforet ; imprimerie Grognet.
— Un tirage différent. Chez Deforet ; lithographie Fraillery.
2. *Vlà les huîtres républicaines.* Imprimerie Grognet ; propriété de l'auteur.
— Un tirage différent. Lithographie Fraillery.

A quelle sauce ? Propriété de l'auteur. En vente, 13, rue des Fontaines.
C'qui va revenir. Propriété de l'auteur. En vente, 13, rue des Fontaines.

    Ces deux dernières pièces ne sont pas numérotées.

ÉPISODES DU SECOND SIÉGE. Imprimerie Fraillery :

1. *Une cave.*
2. *Les Pétroleuses.*

BEMINDT.

Un Lit où le troupier français ne dort pas. Imprimerie Walter ; Sinnett, éditeur.

Ah ! Prussien, tu me cherches, etc. Imprimerie Walter ; Sinnett, éditeur.

La Dernière Charge de Wissembourg. Imprimerie Walter ; Sinnett, éditeur.

BENIÈRE.

Installation définitive. In-8. Sans nom d'imprimeur.

    Belle lithographie en couleur.

BERNAY (P.)

Un Ex-empereur au pilori. Sans nom d'éditeur ni d'imprimeur.
  Tirée sur papier de diverses couleurs.

Orléans, 27 octobre 1870. On se replie en bon ordre. Boucher éditeur à Orléans.
  Tirée à 4 ou 5 exemplaires.

La Guerre civile et la manière de s'en servir.
  Pierre effacée après deux épreuves tirées.

La Guerre civile et la manière de s'en servir.
  Réduction de la pièce précédente, tirée à 5 ou 6 exemplaires.

Lequel des deux ?
  Éditée à Orléans.

L'Enfant du hasard; L'Enfant du miracle.
  Éditée à Orléans.

BERTALL.

Vision d'un croyant, texte par Philothée. — *La France jugeant les prétendants,* etc. Imprimerie Chaix.
  Feuille de quatre pages.

Seconde Vision d'un croyant : La France dictait, la République écrivait, etc. Imprimerie Chaix.

Ministère du 2 janvier; Ministère du 4 septembre. Lefman et Lourdel.

Les Communeux, 1871. Types, caractères, costumes. Album de 34 planches, plus le titre et un avant-propos (le plus souvent avec un cartonnage spécial de l'époque). Gotschalck. Paris-Londres :

  Titre : *les Communeux, 1871.*
  1. *Costume de général en chef.*
  2. *État-major (comité central).*
  3. *Fédérés.*
  4. *Citoyenne quêteuse.*
  5. *Préfet de police.*
  6. *Ministère de la Guerre.*
  7. *Peloton d'arrestation.*
  8. *Déléguée au café de Madrid.*
  9. *Membre de la Commune.*
  10. *Général commandant.*

11. Le citoyen Protot.
12. Vengeurs de Flourens.
13. Colonel commandant, etc.
14. Zouave communeux.
15. Costume du directeur des télégraphes.
16. En route pour Versailles.
17. Colonel délégué aux munitions, etc.
18. Pétroleuse.
19. Un citoyen délégué.
20. Cantinières.
21. Commandant et ingénieur des barricades.
22. Garibaldien.
23. Commissaire de police.
24. Perquisition dans une imprimerie.
25. La Colonelle.
26. Garde particulier de Raoul Rigault.
27. Orateur de boulevard.
28. Ferré et ses exécuteurs.
29. Mobile de 48.
30. Un citoyen moldo-valaque.
31. Un Pointeur.
32. Officier de marine.
33. Marin pétroleur.
34. La Barricade.

Cette série a été rééditée dans l'*Autographe*, publication du *Figaro*, 1871.

THE COMMUNISTS OF PARIS, 1871. *Types, physiognomies, characters.* Buckingham and C°, Paris-London.

Édition anglaise comprenant 40 planches plus le titre, au lieu de 34 dans l'édition française. Chaque planche est accompagnée d'une explication en anglais.

Comme en dehors des 6 planches nouvelles, elle diffère sur beaucoup de points de l'édition française, nous avons cru devoir en donner également la nomenclature.

Title-page.
1. Costume of general in chief.
2. État-major.
3. Citoyenne quêteuse.
4. The Federate.
5. The Police prefect.
6. Minister of war.
7. The Fair delegate of the café de Madrid.
8. The Return from the bast'on.
9. Member of the commune.
10. Général commandant.
11. Citizen Protot.
12. A box of the theatre, may 1871.
13. Colonel.
14. The Communist zouave.
15. Delegate to the war arsenal.
16. Cantinières.
17. The Delegate citizen.
18. Perquisition at a printing-office.
19. La Colonelle.
20. The Director of the telegraph.
21. A boulevard orator.
22. Police commissary.
23. The arrest party.
24. Raoul Rigault's guard.
25. The citizen of Moldavia and Walachia.
26. The Avengers of Flourens.
27. The Club in a church.
28. Offices of marines.
29. Artilleryman.
30. The Garibaldian.
31. Mobile of 48.
32. The Forlorn hope.
33. Engineer of Barricades.
34. Ferré and his executioners.

35. *Ducatel.*
36. *The Barricade.*
37. *Marin pétroleur.*
38. *Une Citoyenne.*
39. *A pair of pétroleuses.*
40. *En route for Versailles.*

Caricatures de Bertall, parues dans les journaux-charges, non tirées à part :

1° Dans le *Grelot*.

Figures du jour. *Le citoyen Assi* (n° du 9 avril 1871).
Figures du jour. *Paris cuit dans son jus* (n° du 16 avril 1871).
La Commission exécutive (n° du 23 avril 1871).
Le citoyen Courbet (n° du 30 avril 1871).
Les Joujoux de Paris (n° du 7 mai 1871).
Raoul Rigault (n° du 14 mai 1871).
Paris à table (n° du 21 mai 1871).
Le Rat-Pyat (n° du 28 mai 1871).

Toutes ces caricatures ont paru *pendant la Commune* ; on peut ajouter comme y faisant suite les suivantes parues dans le même journal plus tard :

Victor Hugo (n° du 11 juin 1871).
Le Mille-pattes international (n° du 18 juin 1871).
Guillaume le déménageur (n° du 2 juillet 1871).
Le général Pouyer-Quertier (n° du 9 juillet 1871).
Les Oiseaux de proie (n° du 6 août 1871).
Moralité de la guerre (n° du 16 août 1871).

2° Dans la *Vie Parisienne :*

Bouffes-Parisiens. — Dernières représentations (n° du 30 juillet 1870).
Un Dîner fin du roi Guillaume (n° du 6 août 1870).
Dis-lui que je ne sais pas vraiment, etc. (n° du 27 août 1870).
Simple Réflexion de notre Fritz (n° du 3 septembre 1870).
Il faudrait pourtant se méfier, etc. (n° du 10 septembre 1870).

Programme officiel des fêtes et cérémonies pour le 1ᵉʳ anniversaire du 4 septembre 1870. Placard gr. in-8 de 4 pages, dessins de Bertall dont une grande page. Imprimerie Blot.

Titre de la *Revue comique* ; dans le texte, quelques croquis de Bertall ayant trait à la guerre.

BIBI et LOLO.

Les Élus de Paris. Chez Armand Lévis ; imprimerie Barousse.
Lettre d'un soldat allemand à sa payse. Chez Armand Léon ; imprimerie Barousse.

BLOCQUEL (C.)

Diner parisien. Guichard sc. — Imprimerie Claye.
    Belle planche gravée.

BONNARD.

Les Journées de M. Thiers. Placard gr. in-8. Sans nom d'imprimeur ni d'éditeur.

BOUTET (Henri), *pièces signées* : **H. B.**

Ce que l'on avait pris pour un général. Lithographie Lemaine.
Ce que l'on avait pris pour un général. Chez Duclaux; dépôt chez Madre; lithographie Lemaine.
    Tirage différent.
L'Exécuteur. Chez Duclaux; dépôt chez Madre; lithographie Lemaine.
Merci, mon Dieu, Arthur aura du pain. Chez Deforet et César; imprimerie Talons.
M. Jules Favre. Chez Duclaux; dépôt chez Madre; lithographie Lemaine.
La Roche Tarpéienne. Grognet, imprimeur.

Pièces de Henri Boutet signées PAUL ROGA :

ACTUALITÉS. *Les deux font la paire.* Chez Duclaux; dépôt chez Madre; lithographie Lemaine.
Maître Grévy. Chez Duclaux; dépôt chez Madre; lithographie Lemaine.
Théâtre de Bordeaux. Saillant, éditeur; lithographie Barousse.
JULES VALLÈS. *Le Cri du Peuple.* Saillant, éditeur; lithographie Barousse.

BROSSIER (Ch.)

Quand j'étais directeur de Saint-Laz...., etc. Imprimerie Chandon.
Ben vrai, Petrolowska, etc. Sans nom d'imprimeur.
    Ces deux pièces sont gravées à l'eau-forte.

BRUTAL.

Série de 6 numéros :

L'Escamoteur. Lithographie Barousse.
    Pièce non numérotée, signée : J. B.

2. *Je crois que le petit vieux*, etc. Chez Deforet et César ; imprimerie Talons.

3. *Le Généralissime des armées*, etc. Chez Deforet et César ; imprimerie Talons.

4. *Le Généralissime et son état-major rencontre*, etc. Chez Deforet et César ; imprimerie Talons.

5. *Approche si tu l'oses*. Chez Deforet et César ; imprimerie Talons.

6. *En avant, citoyens de Fouilly-les-Oies.* Chez Deforet et César.

Carnaval de 1871. *Entrée de Guillaume à Paris.* Lithographie Barousse.

CAMBRONNE. Voir FAUSTIN.

CHAM (H.)

ACTUALITÉ. — *Ce n'est pas plus malin que ça.* (*La Charge*, n° 16, 30 juillet 1870.)

Non tirée à part.

CHAM.

LES FOLIES DE LA COMMUNE. Album comprenant 1 titre et 19 planches. Au bureau de l'*Éclipse*; typographie Rouge:

Titre.
1. Sont-ils bêtes! etc.
2. Mais tu n'as pas la croix d'honneur, etc.

3. Le conservateur des musées de la Commune, etc.
4. 1871. Va donc, Berquin!
5. Comprenant la nécessité d'aller voter.
6. Je me porte aux élections, etc.
7. Le Châtiment de Courbet.
8. Je faisais sortir les locataires avant, etc.
9. Voleurs! m'avoir fait faire tout ça, etc.
10. Criez donc contre la Commune, etc.
11. Tu te présentes ainsi, etc.
12. Y a pas que le bouchon qui l'a perdu, etc.
13. Saint-Médard s'entêtant, etc.
14. Enfin si vous aviez tout détruit, etc.
15. Mes armes!!!
16. Uniforme contre l'incendie, etc.
17. Mon mari m'a expliqué la Commune, etc.
18. M'sieu, vous ne pourriez pas me céder, etc.
19. Des deux qui aurait dit, etc.

Album du siège, par Cham et Daumier. Recueil de caricatures publiées pendant le siège par le *Charivari*. Aux bureaux du *Charivari*. — Caricatures de Cham :

Pièces non numérotées.

Titre, sur la couverture tiré en rouge.
Modes parisiennes en prévision du bombardement.
Le bombardement.
La valeur prussienne n'attendait pas, etc.
Plus de gaz.
Préparant les étrennes pour son peuple.
Pour ne pas être blessé, je n'ai qu'à mettre ce plastron, etc.
Laissez appuyer moâ sur le bras à vous, etc.
T'allais jamais à l'église autrefois, etc.
Tu t'es mis un faux ventre, etc.
Les animaux du Jardin des Plantes, etc.
Je me suis mis dans les volontaires, etc.
Ce pauvre Henri IV, etc.
Madame Putois, j'aurais tout de même jamais cru, etc.
J'adore les gens grêlés, etc.
Plus de viande, allons donc, etc.
Rationnement du pain.
Les Nouveaux Gardiens de Paris.
Six heures et demie. — Les Chevaux, etc.
Le Danger de manger de la souris, etc.
On aurait pu profiter du passage, etc.
Ils auront beau emporter les pendules, etc.
Le revers de la médaille de Sainte-Hélène.
Soldats! il fait très froid, etc.
La Queue pour la viande de rats.
Tant bis! il aurait probablement, etc.
J'ai besoin de quitter Paris, etc.
Les Prussiens m'ont donné un cigare.
Aveugle! c'est triste, etc.
Après le siège.

PENDANT LA GUERRE ET LA COMMUNE (1870-71).

CARICATURES DE CHAM, parues dans les journaux-charges, non tirées à part (1) :

1° Dans le *Charivari* :

S'exerçant à la cachucha (19 juillet 1870).
Un Nouvel Ambassadeur (22 juillet 1870).
La Politique du jour, etc. (23 juillet 1870).
12 croquis (24 juillet 1870).
O mon bonhomme, cette fois tu trouveras des arêtes (25 juillet 1870).
Pas cinq minutes que j'ai commencé, etc. (26 juillet 1870).
C'est t'y joli, Berlin, etc. (27 juillet 1870).
Nouveau Jeu de saute-mouton (30 juillet 1870).
12 croquis (31 juillet 1870).
Bade-Non, rien ne va plus (2 août 1870).
Non pas maintenant, etc. (3 août 1870).
Eh là-bas! c'est pas la peine, etc. (6 août 1870).
12 croquis (7 août 1870).
Conseil de guerre (9 août 1870).
Attention, Pitou, etc. (11 août 1870).
Adélaïde, je demande à partir. (13 août 1870).
Tout ça, pour moi seul! Flatteurs! (20 août 1870).
12 croquis (21 août 1870).
Couché!... Mais j'ai fait mon lit (24 août 1870).
M'sieu, vous ne pourriez pas me donner quelque chose, etc. (27 août 1870).
12 croquis (28 août 1870).

Laid! c'est possible, etc. (30 août 1870).
Je n'ai pas de fusil! etc. (1er septembre 1870).
Tiens, polisson, cela t'apprendra, etc. (3 septembre 1870).
12 croquis (4 septembre 1870).
Oh! no! je pourrais rien faire, etc. (8 septembre 1870).
12 croquis (11 septembre 1870).
Note du correspondant du Times (13 septembre 1870).
Frère! il ne tombera pas! etc. (18 septembre 1870).
Paris régénéré, etc. (21 septembre 1870).
Il n'y a pas! faut que Paris, etc. (23 septembre 1870).
Attendant qu'on vienne les égorger, etc. (26 septembre 1870).
6 croquis (2 octobre 1870).
Eh bien! petit mobiot, etc. (3 octobre 1870).
Tu as promis la main de notre fille, etc. (10 octobre 1870).
Si on profitait du passage du ballon, etc. (11 octobre 1870).
Pourquoi le ballon-poste ne prend-il pas, etc. (13 octobre 1870).
Retour des fortifications (15 octobre 1870).
6 croquis (16 octobre 1870).
La province attend son courrier (18 octobre 1870).
Infamie! l'Europe, etc. (20 octobre 1870).

---

(1) Seules les caricatures parues dans l'*Album du siège* et les *Folies de la Commune* ont été tirées à part.

Le Comité de défense va m'utiliser, etc. (22 octobre 1870).
croquis (23 octobre 1870).
Le Crockett allemand et le Lion britannique (26 octobre 1870).
Le Puissant du jour (27 octobre 1870).
Tiens les bottes de Bastien ! etc. (28 octobre 1870).
6 croquis (30 octobre 1870).
Six heures et demie, etc. (2 et 3 novembre 1870).
Tu t'es mis un faux ventre ? etc. (5 novembre 1870).
6 croquis (6 novembre 1870).
Le Revers de la médaille de Sainte-Hélène (7 novembre 1870).
Pour ne pas être blessé, etc. (9 novembre 1870).
Les Animaux du Jardin des Plantes, etc. (11 novembre 1870).
Les Pièces de Krupp, etc. (12 novembre 1870).
6 croquis (13 novembre 1870).
Modes parisiennes (14 novembre 1870).
Les Nouveaux Gardiens de la paix (17 novembre 1870).
A qui le tour maintenant (18 novembre 1870).
Jobard ! viser un Breton à la tête ! (19 novembre 1870).
6 croquis (20 novembre 1870).
Entre les deux portes de sortie, etc. (22 novembre 1870).
Se refusant avec énergie, etc. (23 novembre 1870).
Le Blocus autour de Paris (26 novembre 1870).
6 croquis (27 novembre 1870).
Maintenant j'adore les gens grêlés, etc. (29 novembre 1870).
L'Art de manger de la souris, etc. (1er décembre 1870).
Je me suis mis dans les volontaires, etc. (2 décembre 1870).
6 croquis (4 décembre 1870).
Soldats, il fait très froid, etc. (5 décembre 1870).
La Queue pour la viande de rats (8 décembre 1870).
6 croquis (11 décembre 1870).
Plus de viande ! allons donc ! (13 décembre 1870).
Bourse de Paris (15 décembre 1870).
Che réserve ce blat, etc. (16 décembre 1870).
6 croquis (18 décembre 1870).
Plus de gaz (19 décembre 1870).
Laissez appuyer moâ, etc. (21 décembre 1870).
Ce pauvre Henri IV, etc. (22 décembre 1870).
La Bûche de Noël (24 décembre 1870).
6 croquis (25 décembre 1870, impropr. imprimé 23 décembre).
La Nostalgie (27 décembre 1870).
Chère amie, ce n'est pas naturel, etc. (28 décembre 1870).
1870. Si je suis maudite, etc. (30 décembre 1870).
Le Bertrand prussien, etc. (31 décembre 1870).
6 croquis (1er janvier 1871).
Préparant les étrennes pour son peuple (4 janvier 1871).
Vous me peindrez devant Paris, etc. (5 janvier 1871).
6 croquis (8 janvier 1871).
Les Rois (9 janvier 1871).
Ils auront beau emporter les pendules (10 janvier 1871).
Venant chatouiller le nez de John Bull, etc. (12 janvier 1871).
Le Bombardement (14 janvier 1871).
6 croquis (15 janvier 1871).
Tant pis, il aurait brobablement ennuyé, etc. (16 janvier 1871).
Le seul moyen d'entrer à Paris (17 janvier 1871).

La valeur prussienne, etc. (19 janvier 1871).
Donnant des signes de préoccupation, etc. (20 janvier 1871).
6 croquis (22 janvier 1871).
Excellent cœur! etc. (23 janvier 1871).
Imbécile, pas à lui, etc. (24 janvier 1871).
Sont-ils bêtes, etc. (25 janvier 1871).
Après le siège (26 janvier 1871).
La Galerie (27 janvier 1871).
On dit que l'armistice est signé (28 janvier 1871).
M. Krupp aurait bien dû profiter, etc. (29 janvier 1871).
Rationnement du pain (31 janvier 1871).
Madame Putois, j'aurais tout de même, etc. (2 février 1871).
Pas de mal à ce que tu sois en cage, etc. (4 février 1871).
6 croquis (5 février 1871).
T'allais jamais à l'église autrefois? etc. (6 février 1871).
Quand on s'est nourri comme ça, etc. (7 février 1871).
Pas confondre avec le Panthéon, etc. (8 février 1871).
Aveugle! c'est triste, etc. (11 février 1871).
6 croquis (12 février 1871).
Élections libres (14 février 1871).
Tais-toi, ma faim, tais-toi (15 février 1871).
Les Prussiens m'ont donné un cigare, etc. (17 février 1871).
Un Mauvais Régime pendant 18 ans, etc. (18 février 1871).
6 croquis (19 février 1871).
Faust à la mode de 1871 (21 février 1871).
J'ai besoin de quitter Paris, etc. (22 février 1871).
Ah! ben non, etc. (23 février 1871).
Tu vois, mon enfant, etc. (25 février 1871).
6 croquis (26 février 1871).
6 croquis (5 mars 1871).
Arrière, cherche un autre perchoir (7 mars 1871).
Réouverture des théâtres (8 mars 1871).
6 croquis (9 mars 1871).
Relevez-moi d'abord, etc. (10 mars 1871).
12 croquis (12 mars 1871).
Prends donc la pendule, etc. (13 mars 1871).
Mais laissez-moi donc tranquille! etc. (15 mars 1871).
Nous ne voulons pas siéger à Paris, etc. (16 mars 1871).
Monsieur veut-il de la bière de Bavière (18 mars 1871).
6 croquis (19 mars 1871).
Cherchant sa propriété (20 mars 1871).
Oh! no la Prusse ne l'avoir pas tout à fait tuée! (21 mars 1871).
Papa, c'est la France qui a coulé la colonne (22 mars 1871).
Allons, bon, le gaz, etc. (23 mars 1871).
Décentralisation (du 24 au 29 mars 1871).
Adieu: non, au revoir (31 mars 1871).
De grâce, messieurs, vous oubliez, etc. (9 avril 1871).
Le Conservateur des musées de la Commune, etc. (17 juin 1871).
12 croquis (18 juin 1871).
Va donc, Berquin! (19 juin 1871).
Sont-ils bêtes, ils n'aiment pas les ruraux (20 juin 1871).
Mais tu n'as pas la croix d'honneur, etc. (22 juin 1871).
Vous profitez de ça pour m'augmenter (23 juin 1871).

Ies deux qui aurait dit, etc. (24 juin 1871).
12 *croquis* (25 juin 1871).
Le Châtiment de Courbet (27 juin 1871).
Je me porte aux élections, etc. (28 juin 1871).
Comprenant la nécessité d'aller voter (29 juin 1871).
Je faisais sortir les locataires avant, etc. (30 juin 1871).
Tu te présentes ainsi, etc. (1er juillet 1871).
12 *croquis* (2 juillet 1871).
Saint Médard s'entêtant, etc. (3 juillet 1871).
Voleurs, m'avoir fait faire tout ça, etc. (5 juillet 1871).
Criez donc contre la Commune, etc. (8 juillet 1871).
12 *croquis* (9 juillet 1871).
Y a pas que le bouchon qui l'a perdu, etc. (11 juillet 1871).
Ne gênons pas la manœuvre (13 juillet 1871).
Gêné dans ses plans (14 juillet 1871).
12 *croquis* (16 juillet 1871).
Enfin si vous aviez tout détruit, etc. (20 juillet 1871).
Mes armes (25 juillet 1871).
Uniforme contre l'incendie proposé, etc. (27 juillet 1871).
Oui, chère amie, tout ce que vous voudrez, quand il sera parti (14 septembre 1871).
De loin ayant l'air de s'en aller (3 octobre 1871).
Schlugman, avant de fermer ma malle, etc. (5 octobre 1871).
La Prusse s'attachant l'Alsace (23 octobre 1871).
Nos cinq milliards permettant à la Prusse, etc. (23 novembre 1871).

2º Dans le *Monde pour rire* :

Communard (Nº du 17 septembre 1871).

3º Dans l'*Esprit follet* :

Pauvre Fritz (nº du 30 juillet 1870).
Une Partie sur l'herbe (nº du 6 août 1870).
Croquis parisiens (nº du 22 juillet 1871).
Croquis parisiens (nº du 26 août 1871).

4º Dans la *Revue comique* :

CES DAMES, série de 4 planches :

Il était temps que ça finisse, la Commune (nº du 15 octobre 1871).
Détruire la Société ! etc. (nº du 22 octobre 1871).
Il ne te va pas, M. Thiers, etc. (nº du 26 novembre 1871).
Y n'ont rien compris à la Commune, etc. (nº du 10 décembre 1871).

5º Dans le *Monde illustré* :

Le Mois comique, 9 croquis (n° du 6 août 1870).

L'Histoire de 1870. — *Héroïque Paris*, etc. (n° du 26 novembre 1870).

Revue comique, 12 croquis (n° du 9 septembre 1871).

Revue comique, 12 croquis (n° du 7 octobre 1871).

Revue comique, 12 croquis (n° du 4 novembre 1871).

6° Dans l'*Univers illustré* :

Revue comique du mois, 9 croquis (n° du 6 août 1870).

Les Communeux prisonniers (n° du 24 juin 1871).

Revue comique du mois, 12 croquis (n° du 22 juillet 1871).

CHOUBRAC.

ACTUALITÉS. *Nous l'avons vu votre Rhin allemand.* Lithographie Butot ; Choubrac, éditeur.

Parue sous l'Empire.

ACTUALITÉS. *J'carde les prunes pour le dessert.* Lithographie Butot ; Choubrac, éditeur.

Parue sous l'Empire.

CARICATURES DE CHOUBRAC, parues dans « la Charge », non tirées à part :

ACTUALITÉ. — *Pour Paris, aller et retour*, etc. (n° 21, 3 septembre 1870).

ACTUALITÉ. — *Ma chandelle est morte*, etc. (n° 23, 17 septembre 1870).

ACTUALITÉS. — *Cinq croquis* (n° 24, 24 septembre 1870).

CHOUQUET (L.)

Paris le 18 mars 1871. Imprimerie Leroy.
Paris et Versailles le 26 mars 1871. Imprimerie Leroy.
État-major de la Commune. Imprimerie Leroy.
PENDANT LA COMMUNE. Imprimerie Leroy :

La Canonnière prête à partir, etc.
S'coup-ci si ça ne prend pas, etc.

Pour la Commune S. V. P.

Le Denis-Papin, 4 pages. Authographie Chouquet; lithographie Schlatter.

LES RÉSULTATS :

1. *Sous l'Empire le cœur vous a ruiné l'estomac*, etc. Lithographie Chappaz à Neuilly.
2. *Trop chères, des carottes comme ça.* Imprimerie Paris.
3. *Ne bougeons plus.* Imprimerie Bonnaire.
4. *Trois termes d'avance*, etc. Imprimerie Bonnaire.
5. *Madame, c'est un petit logement*, etc. Imprimerie Bonnaire.
6. *...chand d'habits.* Sans nom d'imprimeur ni d'éditeur.
7. *Venez donc à Asnières*, etc. Imprimerie Bonnaire.

1871. LES HOMMES DU JOUR :

Nº 1. *M. Lambrecht.* Lithographie Blanc.

Seul paru.

COCO. *Voir* LÉVY (Alph.)

COINCHON (Albert).

Apothéose.

Dessin inédit. (Collection Maurice Du Seigneur.) Publié par le *Livre* (livraison du 10 juin 1888).

COINDRE (Victor).

MUSÉE SATYRIQUE. Chez Duclaux ; dépôt chez Madre ; typographie Rouge :

(Sans numéro). *Élevé sur les genoux de l'Église.*
2. *L'Armistice.*
3. *Douceur évangélique*, etc.
4. *Deux Journaux trop bien renseignés.*
5. *Hô ! Franc Picard*, etc.

SÉRIE de 19 numéros. Lithographie Caillot :

1. *La Popote des deux très chers cousins.*
2. *J'ai du cœur.*
2. *J'ai du cœur (c'est ce qui l'étouffera).*
   Tirage différent.
3. *Ah ! mauvais drôles, assez de cette partie-là.*
4. *Nos Ravitaillements.*
5. *Couronnement de l'édifice.*
6. *La plus petite trouée ferait bien mieux notre affaire.*

7. *Zut aux prétendants.*
8. *Nos braves gardiens de la paix,* etc.
9. *Papa Guillaume et son Augusta.*
10. *Krupp et son cas non prévu.*
11. *L'Électeur libre.*
12. *Leur tient-il la dragée haute!*
13. *Courses de printemps, 1871.*
14. *Défilé des Teutons et de nos pendules.*
15. *Enlevons le ballon,* etc.
16. *La Petite mère Foutriquet.*
17. *Nos bons ruraux.*
18. *Le Grand Général des exhumés de Versailles.*
19. *Vision d'un gros capitulard.*

Il y a eu des tirages de cette série sur papier fort; on trouve même des états sur chine.

PAMPHLETS ILLUSTRÉS, 4 pages texte. Dessin de la première page attribué à Coindre. Saillant, éditeur; imprimerie Balitout, Questroy :

1. *Marguerite Bellanger et son doux Seigneur.*
2. *Les Secrets dévoilés du Cabinet noir.*
3. *L'Ivresse de Bismarck.*

PARIS AVANT ET APRÈS L'INCENDIE. Album de 12 planches plus la couverture. Au bureau de l'*Éclipse*.

CORSEAUX (J.)

GRAND BAROMÈTRE POLITIQUE. *La Température actuelle* (1871). Gr. in-8. Grognet, imprimeur; dépôt chez Madre.

JUSTICE DU PEUPLE. *La Commune.* Chez Grognet et chez Madre; Corseaux, éditeur.

La Pyramide. Lithographie Barousse.

ACTUALITÉS. *Plaignons-la.* Saillant, éditeur; lithographie Barousse.

ACTUALITÉ. *Mais dites donc avec la Commune : Me voilà roulé,* etc. Duclaux, éditeur; dépôt chez Madre.

ACTUALITÉ. *Sauvons-nous, amis,* etc. Duclaux, éditeur; dépôt chez Madre.

ACTUALITÉ. *Mais je suis dégommé,* etc. Duclaux, éditeur; dépôt chez Madre.

ACTUALITÉ. *Je ne pleure plus comme à Ferrières,* etc. Duclaux, éditeur; dépôt chez Madre.

COUR D'ASSISES DE LA SEINE. *Il a tant pleuré,* etc. Imprimerie Grognet; Madre, éditeur.

ACTUALITÉS. *Je suis républicain,* etc. Saillant, éditeur; lithographie Barousse.

ACTUALITÉ. *Entrée triomphale à Berlin.* Duclaux, éditeur; lithographie Barousse.

CRITIQUE. *Je faisais des plans,* etc. Chez Duclaux; dépôt chez Madre; lithographie Lemaine.

CRITIQUE. *Dans une Tour obscure,* etc. Chez Duclaux; dépôt chez Madre; lithographie Lemaine.

> Non signée, attribuée à *Corseaux.*

Badinguet et sa clique. Sans nom d'imprimeur ni d'éditeur.

> Non signée, attribuée à *Corseaux.*

Note de Guillaume. Duclaux, éditeur; dépôt chez Madre; lithographie Barousse.

SOUVENIRS DU SIÈGE : *Officiers wurtembergeois.* Saillant, éditeur; lithographie Barousse.

Thiers et son jardin. Sans nom d'imprimeur ni d'éditeur.

Thiers et son jardin. En vente chez Grognet.

> Tirage différent.

Peuples, notre exemple sera suivi. Gr. in-8. Chez Duclaux; dépôt chez Madre; lithographie Lemaine.

A Victor Hugo, portrait de Charles Hugo. Chez Grognet, imprimeur-éditeur.

SÉRIE connue sous le nom de « *Nudités* ». Sans nom d'imprimeur ni d'éditeur :

Le Musée de la nature (n° 1).	Qu'elle est jolie!
Impuissance de Badinguet.	Le Baiser de Judas.
Ne craignez rien, mon enfant, etc.	Le Bain.
Les Occupations d'un saint homme.	Divertissement de ces messieurs.
La Pêche.	

> Pièces non signées, attribuées à *Corseaux.*

DEUX TRANSPARENTS :

1. *Je crois que je vais l'être.*

> Tête de l'Impératrice; dans le transparent on distingue l'Empereur déclarant sa flamme à Marguerite Bellanger.

2. *Je suis sûr de l'être.*

> Caricature de l'Empereur; dans le transparent on distingue l'Empereur surprenant l'Impératrice nue avec Le Bœuf.

TYPES DU JOUR DE GROGNET. — Voir les numéros ci-dessous pages 86 et 87 :

3. *L'Hydre et la France.*
4. *Rien ne l'arrêtera.*
5. *L'Armée et la Commune.*
    Cette pièce porte par erreur le n° 4.

7. *C'est égal, la journée ne sera pas bonne*, etc.
9. *Arrière, Tyrans*, etc.

Pièces non signées, attribuées à *Corseaux*.

ACTUALITÉS GROGNET. — Voir les numéros ci-dessous, page 86 :

74. *Châtiments.*
84. *Un Duel.*

85. *La Peau de l'ours.*

PRISE DE PARIS. Deforet et César, éditeurs. — Voir les numéros ci-dessous page 34 :

16. *Prise de la barricade de la rue Saint-Antoine.*
17. *Prise de la place de la Bastille.*

18. *Incendie des Docks de la Villette.*
19. *Combat dans le Père-Lachaise.*

Pièces de Corseaux signées LOUIS BALSAMO :

CROQUIS DU JOUR. Saillant, éditeur; imprimerie Lemaine :

1. *Il la soutient, il la défend.*
   Sans signature.
1. *L'Amour de la patrie*, etc.
   Signée : LOUIS.
2. *Locataire et propriétaire.*
   Signée : LOUIS.

3. *Deux Types : Créditeur et débiteur.*
   Signée : LOUIS BALSAMO.
5. *Versement des 600 millions.*
   Sans signature.

COURTAUX (E.)

LA GRANDE CRUCIFIÉE!!! :

1. *Le Martyr immortalisé.* Chez Deforet et César; lithographie Grivaut.
2. *Le moderne Mont des Oliviers.* Chez Deforet et César; imprimerie Talons.
3. *République et réaction.* Chez Deforet et César; imprimerie Talons.

4. *Aimez-vous les uns les autres.* Chez Deforest et César; imprimerie Talons.
5. *Soyez tous frères.* Chez Deforest et César; imprimerie Talons.
6. *Osez donc venir*, etc. Chez Deforet et César; imprimerie Talons.

7. *Trop grande.* Chez Deforet et César; imprimerie Talons.

8. *Ce sang versé retombera sur vos têtes.* Chez Deforet et César; imprimerie Talons.

8. *Le véritable plan Trochu, Favre, Bismarck et Cie.* Chez Deforet et César; imprimerie Talons.

COURTOUJOURS. *Voir* **VERNIER (Ch.)**

DAMOURETTE.

QUATRE CROQUIS (*Journal Amusant*, n° du 17 septembre 1870).
Caricatures, non tirées à part.

DARJOU.

Vierge de sang humain. Cadart et Luce, éditeurs.
Belleville : Mon Secteur, le premier qui y touche, etc. Cadart et Luce, éditeurs.
Deux pièces gravées à l'eau-forte.

CARICATURES parues dans les journaux-charges, non tirées à part :
1° Dans l'*Esprit follet* :

Francs-Tireurs (n° du 27 août 1870). | *De l'Arche politique*, etc. (n° du 10 septembre 1870).

2° Dans le *Grelot* :

Le Coup de balai (n° du 4 juin 1871). | *Revue du mois de mai*, 12 croquis (même n°).

3° Dans le *Journal Amusant* :

Campagne de 1870. *N'allez pas si loin, braves gens*, etc. Grande page et 4 croquis (n° du 3 septembre 1870). | Campagne de 1870. *Allons, tas de vainqueurs*, etc. Grande page et 8 croquis (n° du 10 septembre 1870).

DAUMIER.

Caricatures parues dans le *Charivari* :

Seules les caricatures publiées dans l'*Album du Siège* ont été tirées à part.

Pauvres commissions extra-parlementaires, etc. (28 juillet 1870).
Concours du Conservatoire (1ᵉʳ août 1870, improprement imprimé 1ᵉʳ avril).
Mon Champ saccagé, etc. (5 août 1870).
Le prince de Hohenzollern trouvant, etc. (8 août 1870).
Que diable est-ce qu'ils font là-haut (14 août 1870).
Un Cauchemar de M. de Bismarck (22 août 1870).
L'Appel de leurs réserves (31 août 1870).
Ceux qui vont mourir te saluent (2 septembre 1870).
Pauvre vieux, t'es comme moi, etc. (3 septembre 1870).
La Suite au prochain numéro (6 septembre 1870).
Chacun son tour (7 septembre 1870).
Histoire d'un règne (12 septembre 1870).
Monsieur sera très bien ici, etc. (14 septembre 1870).

La République nous appelle (20 septembre 1870).
Le Couronnement de son édifice (22 septembre 1870).
Venez la prendre (29 septembre 1870).
S'apercevant qu'en croyant creuser, etc. (30 septembre 1870).
Ça en avait besoin (7 octobre 1870).
L'Empire c'est la paix (19 octobre 1870).
Trop étroit pour deux (25 octobre 1870).
A qui le tour? (31 octobre 1870).
S'apercevant qu'il a peut-être vendu, etc. (8 novembre 1870).
Pauvre Angleterre (10 novembre 1870).
Nous ne nous serions jamais douté, etc. (15 novembre 1870).
Page d'histoire (16 novembre 1870).
La Paix à tout prix (21 novembre 1870).
Le Supplice de Tantale (23 novembre 1870).

PENDANT LA GUERRE ET LA COMMUNE (1870-71).

Ce que certains journaux, etc. (24 novembre 1870).
Square Napoléon (28 novembre 1870).
L'Idéal de certains journaux (30 novembre 1870).
Mon Parc-balle, le voilà (3 décembre 1870).
L'Allopathie aérienne (7 décembre 1870).
Un Paysage en 1870 (10 décembre 1870).
Décidément on ne peut pas, etc. (12 décembre 1870).
Le nouveau roi d'Espagne, etc. (20 décembre 1870).
L'Unité allemande (23 décembre 1870).
Comment Bismarck comprend l'unité allemande (26 décembre 1870).
En v'là des bonbons pour le jour de l'An (29 décembre 1870).
Tu l'as voulu, John Bull (2 et 3 janvier 1871).
John Bull ayant tout l'air (6 janvier 1871).
Le Jour des Rois (7 janvier 1871).
Épouvantée de l'héritage (11 janvier 1871).
Se demandant si ce ne serait pas le moment, etc. (13 janvier 1871).
Les Marches du nouveau trône d'Allemagne (18 janvier 1871).
Leur MANÉ, THÉCEL, PHARÈS (21 janvier 1871).
Le Rêve de la nouvelle Marguerite (30 janvier 1871).
Pauvre France, etc. (1er février 1871).
Autres Candidats (3 février 1871).
Ceci a tué cela (9 février 1871).
Ils croient donc déjà que je suis morte (10 février 1871).
La France Prométhée et l'aigle-vautour (13 février 1871).

L'Assemblée de Bordeaux (16 février 1871).
Le Nouveau Char de la Victoire (20 février 1871).
Une Représentation au théâtre de Bordeaux (24 février 1871).
Moi, je suis ravitaillé, etc. (27 février 1871).
Théâtre de Bordeaux (28 février 1871).
La Paix, idylle (6 mars 1871).
L'Assemblée de Bordeaux (11 mars 1871).
Une Invasion remplace l'autre (14 mars 1871).
L'éclipse sera-t-elle totale? (17 mars 1871).
Voyons, monsieur Réac, etc. (30 mars 1871).
C'est pourtant pour nous ça, etc. (1er avril 1871).
A Paris nous ne pourrons pas aller à Versailles, etc. (2 avril 1871).
Question des loyers. — Décret de la Commune (3 avril 1871).
Question des loyers. — Projet Dufaure (3 avril 1871).
Successeur de Charlemagne (6 avril 1871).
Le défenseur de Calas désolé, etc. (10 avril 1871).
La Décentralisation future (17 avril 1871).
Versailles! trois semaines d'arrêt (18 avril 1871).
Le Char de l'État en 1871 (21 avril 1871).
La Tristesse de Rouher (12 juillet 1871).
Déjà relevée (19 juillet 1871).
Je t'en avais comblé, etc. (2 août 1871).
Après la pompe à sang, la pompe à or (20 octobre 1871).

ALBUM DU SIÈGE, par Cham et Daumier, recueil des caricatures, publiées pendant le siège dans le *Charivari*. Aux bureaux du *Charivari*. — Caricatures de *Daumier* :

Ceci a tué cela.
Un Paysage en 1870.
Square Napoléon.
Épouvantée de l'héritage.
L'Empire c'est la paix.
Nous ne nous serions jamais douté, etc.

Le Nouveau Char de la Victoire.
Pauvre France ! Le tronc est foudroyé, etc.
L'Unité allemande.
Moi je suis ravitaillé, etc.

Pièces non numérotées.

DEFORET et CÉSAR, éditeurs.

PRISE DE PARIS. Deforest et César, éditeurs; lithographie Barousse :

1. *L'Armée régulière entrant dans Paris*, par Moloch.
2. *Combat dans les Champs-Élysées*, par Moloch.
3. *Prise des batteries de la Porte-Maillot*, par Moloch.
4. *La Barricade de la place Blanche*, par Moloch.
5. *Prise de Montmartre*, par Moloch.
6. *Incendie du ministère des finances*, par Moloch.
7. *Prise de la barricade du ministère des finances*, par Moloch.
8. *Incendie des Tuileries*, par Moloch.
9. *Prise de la barricade de la Croix-Rouge*, par Moloch.
10. *Combat et incendie de la rue du Bac*, par Moloch.
11. *Assassinat de l'archevêque de Paris*, par Shérer.
12. *Enterrement de l'archevêque de Paris*, par Shérer.
13. *Attaque de la place Vendôme*, par Moloch.
14. *Combat et prise de la place du Château-d'Eau*, par Shérer.
15. *Entrée de l'armée régulière*, par Shérer.
16. *Prise de la barricade de la rue Saint-Antoine*, par Corseaux.
17. *Prise de la place de la Bastille*, par Corseaux.
18. *Incendie des docks de la Villette*, par Corseaux.
19. *Combat dans le Père-Lachaise*, par Corseaux.

DEMARÉ (H.)

Le Sou de la délivrance. Grand in-8. Chez Plataut ; imprimerie Lehugeur.

LE PILORI. *L'homme au plan!!!* Madre, éditeur; lithographie Barousse.

ACTUALITÉS. *La Grande Colère du père Duchêne.* Madre, éditeur; lithographie Barousse.

UNE PAGE D'HISTOIRE. *Ce que l'on a fait,* etc. Madre, éditeur; Grognet imprimeur.

UNE PAGE D'HISTOIRE. *Eh petit père!* etc. Madre, éditeur; Grognet, imprimeur.

Lettre de Jean Robé. Dépôt chez Duclaux; lithographie Barousse.

A SAINT-DENIS. *Les Drôlesses.* Madre, éditeur; lithographie Barousse.

Sans signature, attribuée à *Demare.*

La France.

Pièce extrêmement rare; elle devait paraître dans le *Sifflet*, mais elle fut interdite par la censure; il n'en existe donc que des épreuves.

LE BLAGORAMA. Chez Plataut; imprimerie Coulbœuf :

1. *Sa dernière ressource.*

LE BLAGORAMA. In-4. Dépôt chez Madre, éditeur; Ed. Blot, imprimeur :

N° 1. *Témandez!!! la grante endrée triomphale,* etc.

SÉRIE en vente chez Plataut et à partir du n° 9 à l'imprimerie Coulbœuf et Lehugeur :

1. *Étrennes prussiennes: le Retour du vainqueur.*
2. *Étrennes bavaroises: le Retour du vainqueur.*
3. *1871!...*
4. *1872?...*
5. *Le Cauchemar du jour de l'An: la Famille Ducordon.*
6. *Le Cauchemar du Jour de l'an: La Curée.*
7. *Binettes parisiennes: les Étrennes utiles.*
8. *Binettes parisiennes: les Étrennes à Breda Street.*
9. *Binettes d'électeurs.*
10. *Binettes d'électeurs.*
11. *Fantaisies carnavalesques.*
12. *Fantaisies carnavalesques.*
13. *Nos Vainqueurs : Sacremente Tarteiffe !*
14. *Nos Vainqueurs: C'est y vrai, M. Flibusmark.*
15. *Nos Vainqueurs: Dialogue vif et animé.*
16. *Nos Vainqueurs: Eh bien! voyez-vous,* etc.
17. *Nos Impôts: Impôt sur le café impôt sur le sel.*
18. *Nos Impôts: Moi je m'en fiche.*
19. *Nos Impôts : l'Impôt sur les pianos.*
20. *Nos Impôts : l'Impôt sur les querelles de ménage.*
21. *Nos Impôts : Un mécontent.*

22. A travers Paris: Épicier à Beaucaire.
23. A travers Paris: Promenade de mylord et milady.
24. A travers Paris: Promenade de mylord et milady.
25. Ces bons Anglais. Quand ils sont venus, etc.

Nos Impôts. Madre, éditeur; lithographie Barousse :

1. L'Impôt sur le papier.
2. L'Impôt sur ces petites dames.
3. Au caboulot.
4. Justes Récriminations.
5. L'Impôt sur les allumettes.
6. L'Impôt sur les célibataires.

Nos Vainqueurs. Duclaux, éditeur; lithographie Barousse :

1. Une Rencontre à Saint-Denis.
2. Propos de ces petites dames.
3. Les Prussiens chez nous.
4. Les Prussiens chez nous.

Journaux :

La Lutte. Actualité.
L'Obstacle. Actualité : On ne passe pas.
La Sentinelle. Actualité : Pêche imprévue.
L'Alarme. La Rédaction du journal *le Peuple.*

Pièces de H. Demare signées : Nix.

Communardiana. Album comprenant 1 titre et 15 planches. Duclaux, éditeur; lithographie Barousse :

Titre.
1. Le major Pétrolowick et Mme, etc.
2. Quelques Types de délégués, etc.
3. Quelques Orateurs et oratrices, etc.
4. Ces dames sous la Commune, etc.
5. Retour du fort.
6. Trahis, toujours trahis!...
7. Les beaux jours de la Commune : En réquisition.
8. Les beaux jours de la Commune : les Réquisitionnés.
9. Fantaisies communardes : l'Hydre, etc.
10. Fantaisies communardes : leurs Frères et amis, etc.
11. Les beaux jours de la Commune : La grande colère, etc.
12. Les beaux jours de la Commune : Demandez! La grande joie, etc.
13. Les beaux jours de la Commune : Demandez la question des loyers, etc.
14. Les Métamorphoses du jour...
15. Chute de la Commune.

DENIAU (L.)

LES PRUSSIENS A PARIS. Chez Madre; Grognet, imprimeur :

1. } N'ont pas paru.
2. }
3. *Fais tone drainer ton sabre, Fritz*, etc.
4. *Vous voulez entrer? Ya, ya*, etc.
5. *C'être drès glorieux*, etc.
6. *La blace Fentôme?* etc.

LES PRUSSIENS A PARIS. Revue du 1er au 3 mars 1871. 10 croquis parmi lesquels se trouvent les quatre désignés dans la série précédente.

Superbe dessin original, signé : *L. Denio*. (Collection Tardent).

DENOUE.

CARICATURES parues dans le *Journal amusant*, non tirées à part :

ACTUALITÉS, 4 croquis (n° du 17 septembre 1870).
MŒURS DU JOUR, 4 croquis (n° du 12 avril 1871).

DERVILLE (R.)

1793-1870. Sans nom d'éditeur ni d'imprimeur.
Les Fléaux de l'humanité. En vente chez Madre.
A notre tour maintenant, il faut en finir. En vente chez Madre.
Triomphe des zéros. Sans nom d'éditeur ni d'imprimeur.

DICHAUX (G.)

Solution des questions sociales par la Commune. Victor Garson, imprimeur-éditeur.

DICTYS (Victor).

France, debout! Sans nom d'imprimeur ni d'éditeur.

Non signée, attribuée à *Dictys*.

DOERR (F.)?

Fédérés (avril 1871). Sans nom d'imprimeur.
Fédérés (avril-mai 1871). Sans nom d'imprimeur.
    Ces deux pièces sont très rares.

DOMINGO.

Caricatures parues dans le *Petit Journal Comique*, non tirées à part :

En campagne. *Logé chez l'habitant.* (N° 65.)
Dépouilles opimes. (N° 66.)
Bigre de bigre, ah! les blondes! etc. (N° 67.)
Au Camp de la Mobile. (N° 69.)

DORÉ (Gustave).

L'Attentat. (*Monde Illustré*, n° du 22 juillet 1871.)
    Composition non tirée à part.

DOTEUL (A.)

Galerie Satirique. Typographie Rouge :
N° 1. *Thiers, général en chef des armées de Versailles.* Chanson.

DRANER.

L'Homme à la boule. In-8. Chez Strauss et Madre; imprimerie Vallée.
La Guerre à la prussienne. Imprimerie Coulbœuf.
Au bastion. Grand in-4. Au bureau de l'*Éclipse*; imprimerie Lemercier.
Mort de Dampierre. Grand in-4. Au bureau de l'*Éclipse*; imprimerie Lemercier.
Mort du frère Nethelme. Grand in-4. Au bureau de l'*Éclipse*; imprimerie Lemercier.
Paris assiégé. *Scènes de la vie parisienne pendant le siège.* Album

comprenant 1 titre et 31 planches. Paris, aux bureaux de l'*Éclipse*; imprimerie Coulbœuf :

Titre.
1. *Provisions de bouche.*
2. *La Chasse au dîner.*
3. *L'Hippophagie.*
4. *L'Éclairage.*
5. *Le Chauffage.*
6. *Le Lait.*
7. *Les Étrennes.*
8. *Les Pare-à-balles.*
9. *Les Réunions publiques.*
10. *Les Ambulances de théâtre.*
11. *Le Bombardement.*
12. *La Garde nationale de marche.*
13. *Tambours et clairons de la garde nationale.*
14. *Les Réfugiés de la banlieue.*
15. *Les Guetteurs.*
16. *Les Comestibles : Mon pauvre Médor*, etc.
17. *Les Comestibles! Ah! s'ils savaient*, etc.
18. *La Prorogation des effets de commerce.*
19. *Les Effets du siège.*
20. *Les Effets du bombardement.*
21. *Les Billets de logement.*
22. *Menu du siège.*
23. *Pendant le bombardement.*
24. *Les Queues.*
25. *Les Frères des Écoles chrétiennes.*
26. *Le Commerce des éclats d'obus.*
27. *Le Rationnement du pain.*
28. *La Protestation des neutres.*
29. *La Réquisition des chevaux.*
30. *Le Combustible.*
31. *Les Ambulances particulières.*

SOUVENIRS DU SIÈGE DE PARIS. *Les Défenseurs de la capitale.* Album comprenant 1 titre et 31 planches. Au bureau de l'*Éclipse*; imprimerie Coulbœuf :

Titre.
1. *Garde mobile de la Seine.*
2. *Gardien de la paix publique.*
3. *Bataillon de guerre de la garde nationale.*
4. *Garde nationale sédentaire.*
5. *Éclaireurs Franchetti.*
6. *Officier de marine.*
7. *Légion des amis de la France.*
8. *Garde nationale sédentaire : Officier; — Cantinière.*
9. *Garde nationale sédentaire : Partisan de la paix à outrance.*
10. *Garde mobile des départements.*
11. *Pupilles de la République.*
12. *Aérostier.*
13. *Francs-tireurs Aronssohn : Tirailleurs des Ternes.*
14. *Cavalerie de la garde nationale.*
15. *Corps francs des chemins de fer.*
16. *Garde mobile : Officier.*
17. *Ambulances internationales.*
18. *Artillerie de la garde nationale.*
19. *Garde nationale auxiliaire.*
20. *Artillerie de marine.*
21. *Gendarmerie républicaine.*
22. *Officier du corps des forestiers.*
23. *Chirurgiens.*
24. *Génie auxiliaire.*
25. *Garde nationale (ancienne tenue).*
26. *Corps des douaniers.*
27. *Garde nationale sédentaire au bastion*, etc.
28. *État-major de la garde nationale.*
29. *Tirailleurs parisiens.*

30. *Garde nationale sédentaire : Ni paix, ni,* etc.

31. *L'Aumônier militaire.*

SOUVENIRS DU SIÈGE DE PARIS. *Les Soldats de la République ; l'Armée française en campagne.* Album comprenant 1 titre et 31 planches. Imprimerie Coulbœuf :

Titre.
1. *Marins.*
2. *Général.*
3. *Infanterie de ligne : Régiment de marche.*
4. *Artillerie : Officier.*
5. *Officier de turcos.*
6. *Infanterie de ligne : Chasseur à pied.*
7. *Officier d'état-major.*
8. *Dragons.*
9. *Artillerie.*
10. *Cuirassier.*
11. *Amiral.*
12. *Officier d'infanterie de ligne.*
13. *Officier de chasseurs à cheval.*
14. *Chasseur d'Afrique.*
15. *Zouaves.*
16. *Saint-Cyriens.*
17. *Officier de spahis.*
18. *Officier de zouaves.*
19. *Génie.*
20. *Officier d'ordonnance de la garde mobile.*
21. *Hussards.*
22. *Infanterie de ligne : Tambour.*
23. *Train des équipages.*
24. *Turcos.*
25. *Infanterie de ligne : Porte-drapeau.*
26. *Lanciers.*
27. *Officier de chasseurs à pied.*
28. *Spahis.*
29. *Infanterie de ligne : Sapeur ; — Cantinière.*
30. *Carabinier.*
31. *Infirmiers.*

Il existe un autre tirage de ces trois albums : Lithographie Barousse.

CARICATURES de DRANER, parues dans les journaux-charges, non tirées à part :

1° Dans l'*Éclipse* :

Fantaisies prussiennes, 10 croquis. (N° 133, 4° page, 7 août 1870.)
Mitrailleuse à musique. (Même numéro.)
Remplaçant un dessin de Gill, qui avait été saisi.

ACTUALITÉS. 11 *croquis.* (N° 139, 4° page, 18 septembre 1870.)
ACTUALITÉS. 9 *croquis.* (N° 141, 9 juillet 1871.)

2° Dans *le Charivari* :

Une Ruse de guerre (n° du 4 août 1870).
La Première Manche, soit, etc. (10 août 1870).

Oh! Monsieur, puisque la garde nationale, etc. (15 août 1870).
Les Nouveaux Commis de l'octroi (18 août 1870).

PENDANT LA GUERRE ET LA COMMUNE (1870-71).

Je vous prierai de prendre note, etc. (26 août 1870).
Voyons, faut être logique (29 août 1870).
C'est pas Bibi qu'est une bouche inutile (9 septembre 1870).
En v'là des provisions de bouche (28 septembre 1870).
Quand je pense que j'avais toujours entendu dire, etc. (9 décembre 1870).
Annexer la Lorraine à la Pavière, etc. (17 décembre 1870).
Vanité de la gloire, etc. (5 avril 1871).
Ça, citoyens, c'est une protestation, etc. (7 avril 1871).
Concert spirituel de la semaine sainte (8 avril 1871).
Ça, pour mon vendredi, etc. (11 avril 1871).
Ma villa (15 avril 1871).
Tu sais, mon ami, que ma fête, etc. (19 avril 1871).
Cré-nom encore des matières prohibées (20 avril 1871).
Deux mille francs au lieu de six mille, etc. (13 juin 1871).
Moi j'me suis jamais aperçu, etc. (14 juin 1871).
Vous voilà de retour, etc. (21 juin 1871).
Vous avez cependant joui de votre appartement, etc. (8 juillet 1871).
Le Nouveau Blason prussien (30 août 1871).
Une Tentation (chasse réservée) (21 septembre 1871).

3° Dans l'*Esprit follet* :

En route pour Berlin. 14 croquis (n° du 30 juillet 1870).
Les Anglais en campagne (n° du 20 août 1870).
Ceux qui restent. 9 croquis (n° du 20 août 1870).
Le reporter Éloi Robinet en campagne. 11 croquis (n° du 27 août 1870).
Aux environs de Paris (n° du 5 août 1871).
Actualités. 20 croquis (n° du 19 août 1871).
Actualités. 3 croquis (n° du 16 septembre 1871).

4° Dans *Paris comique* :

Les Deux Aigles (n° du 30 juillet 1870).
L'Armée prussienne (même numéro).
En guerre (n° du 6 août 1870).
Messieurs les mobiles, en voiture! (même numéro).
Français et Prussiens, un souhait (n° du 13 août 1870).
Aux Armes, MM. les sédentaires (même numéro).
Jadis et Aujourd'hui (n° du 20 août 1870).
L'Aigle de Prusse (n° du 27 août 1870).
Paris en armes (n° du 3 septembre 1870).
Des Nouvelles, des nouvelles, 11 croquis (même numéro).

DREUX (A.)

MÉDAILLES ET REVERS. Lithographie Bellavoine ; dépôt chez Madre :

Vampire de la France.
Sauve qui peut.
Mangeons du Prussien.
Les Ruraux.
Traité de paix.

La Force prime le Droit.
Les Vaincus.
Sauvons-nous.
Sauvons Paris.

Sans signature, attribuées à *Dreux*.

Pièces imprimées en or. Il y a des exemplaires avec les titres tirés en rouge.

Œuf de Pâques, 1871. Lithographie Bellavoine ; dépôt chez Madre.

Sans signature, attribuées à *Dreux*.

Pièce imprimée en rouge. Il y a eu des tirages de cette pièce ayant au verso une chanson intitulée *le Régiment de la calotte*, paroles de Burani, musique de Chassaigne.

DUBOIS.

PARIS SOUS LA COMMUNE. Imprimerie J. Moronval ; dépôt central de l'*Imagerie populaire* :

Auditeur au Conseil des tas.
Aux Barricades.
Cantinière des fédérés.
Commissaire de la Commune en mission extraordinaire.
Délégué de la guerre.
Délégué à l'instruction publique.

Délégué aux Finances.
Demandez la grrrande colère du père Duchêne.
La Grrrande Oratrice.
Membre de la Commune.
Un Fédéré, retour du fort.
Une Pétroleuse.

Sans signature, attribuées à *Dubois*.

DUCHÊNE Fils.

LE FILS DU PÈRE DUCHÊNE ILLUSTRÉ. Journal in-18. Une caricature à la première page de chaque numéro :

1. La colonne Vendôme.
2. Le petit Thiers.
3. Le général Dombrowski.
4. Le dictateur Thiers.
5. Les Guignols politiques.
6. Les Guignols politiques.
7. Le citoyen Courbet.
8. Le Plan de Badinguet.
9. Les Cartes d'identité.
10. Le Départ de notre bonne Commune.

Complet en 10 numéros. Il y a eu des tirages des dessins sans texte.

DUCHENNE.

Prière des vrais républicains. Placard. Imprimerie E. Morris.
Le mea culpa de Badingue. Chanson de 4 pages. Typographie Morris; chez Duchenne.

DUMONTEL (A.)

Les Saltimbanques. Chanson. Sans nom d'éditeur ni d'imprimeur.
Le Sire de Fisch-ton-Kan. Chanson. Sans nom d'éditeur ni d'imprimeur.
La Quenouille des députés. Chanson. Chez Madre; lithographie Fraillery.

> Parue sous l'Empire.

DUPENDANT.

Ils ne la démoliront jamais! Imprimerie Talons.
Défense de la Commune, 1871. In-8. Chez Latour; imprimerie Talons.

> Signée : *Dupendal* (sic).

Général Garibaldi. Imprimerie Roche.
La Grande Colère du Père Duchêne. In-8. Sans nom d'imprimeur ni d'éditeur.

> Pièce très rare.

LES CHATIMENTS. Sans nom d'imprimeur ni d'éditeur :

1. *Curée de Roi.*
2. *Dans quel état ces oiseaux-là nous ont-ils mis!*
3. *La Guerre.*
4. *Après la guerre, l'orgie.*
5. *L'Assassinat.*
6. *Le Châtiment.*

LES CHATIMENTS. Imprimerie Roche.

> Tirage différent des six pièces précédentes.

LES DÉFENSEURS DE LA COMMUNE. Imprimerie Talons :

1. *Capitaine des éclaireurs.*   2. *Marin de la garde nationale.*

Cette dernière caricature *Marin de la garde nationale* a été réimprimée pour remplacer la n° 1 de la série ci-dessous *Ils ne la décrocheront jamais !* qui était épuisée chez l'éditeur.

Série de 9 planches :

1. *Marins de la garde nationale.* Sans nom d'imprimeur ni d'éditeur.
2. *La Balançoire.* Chez Latour ; imprimerie Talons.
3. *Mon cher Veuillot, quelle nouvelle,* etc. Imprimerie Talons.
4. *Ils voudraient se rallier à nous,* etc. Imprimerie Talons.
5. *La République se refusant de parler,* etc. Imprimerie Talons.
6. *La Tentation.* Imprimerie Talons.
7. *Encore un de tombé.* Imprimerie Talons.
8. *Mon bon petit Prussien,* etc. Imprimerie Talons.
9. *Travail et progrès, Ignorance et superstition.* Imprimerie Talons.

LES HOMMES DE LA COMMUNE.

10 aquarelles inédites. (Musée Carnavalet.)

DUTASTA.

ACTUALITÉS GROGNET. — Voir les numéros ci-dessous, page 83 :

1. *Sire, un envoyé tenante,* etc.
2. *La France : En voilà-t-il,* etc. Metz.

2. *La France : En voilà-t-il,* etc. Paris. État différent.
3. *Ouf ! le peau gâteau !* etc.

Pièce signée : **E-D.**

Caricature représentant la tête de Napoléon III, formée de diverses figures. Assez semblable, sous plus d'un rapport, avec la tête de Napoléon III, dans le *Pilori-Phrénologie* de Belloguet.

La même pièce se trouve en réduction intitulée : *Crimes et Folies de Badinguet*, in-18 obl. éditée par Puissant, à Bruxelles.

PENDANT LA GUERRE ET LA COMMUNE 1870-71.

ÉVRARD (Émile), pièces signées : E.E.

Le Lampion. E. Carayon, éditeur-imprimeur :

1. Le plan Trochu.
2. La Retraite en bon ordre.
3. Le Jour et la Nuit.
4. Les Châtiments.
5. Nous.

Le cartouche qui surmonte le dessin est carré.

Le Lampion. En vente rue du Croissant.

Tirage différent des 5 pièces précédentes. Le cartouche est ovale.

ACTUALITÉS

La France……………………

FAROLET.

Types du jour de Grognet. — Voir les numéros ci-dessous, page 87 :

6. En 24 heures.
11. Ah! maudite République, etc.

15. En avons-nous fait des bêtises, etc.

Cette caricature porte dans un autre tirage le n° 6.

FAUSTIN.

Actualité, par Faustin. *Aux Tranchées!!* Plataut, éditeur; imprimerie Coulbœuf.

Parue sous l'Empire.

Actualité, par Faustin. *Qui est-ce qui disait donc que l'ouvrage n'allait pas?* Plataut, éditeur; imprimerie Coulbœuf.

Parue sous l'Empire.

Actualité, par Faustin. *Bien rugi, lion.* Plataut, éditeur; imprimerie Coulbœuf.

    Parue sous l'Empire.

Actualité, par Faustin. *Proclamation du roi de Prusse.* Plataut, éditeur; imprimerie Coulbœuf.

    Parue sous l'Empire.

Actualité. *Lettre du Moblot.* Plataut, éditeur; imprimerie Coulbœuf.

    Parue sous l'Empire.

Lettre de Gérômé à Catherine. Plataut, éditeur; imprimerie Coulbœuf.

    Parue sous l'Empire.

Les Masques. Chez Duclaux; imprimerie Coulbœuf.

Deux Rois, par Faustin. Imprimerie Coulbœuf.

Deux Dames, par Faustin. Imprimerie Coulbœuf.

Les 1000 Binettes. Chez Strauss; lithographie Coulbœuf.

    Sans signature, attribuée à *Faustin*.

Têtes de pipe. Se vend chez Coulbœuf.

L'Oiseau à Guillaume. Imprimerie Coulbœuf.

Les Papiers de l'Empire. Chez Strauss; imprimerie Coulbœuf.

Mosieu Porichinelle. Imprimerie Coulbœuf.

    Signée : F.

Mr Polichinel. Chez Duclaux; dépôt chez Madre.

    Tirage différent du précédent. Signée : *Faustin*.

Mon Cadeau d'étrennes, par Faustin. Sans nom d'imprimeur ni d'éditeur.

Robert Macaire. Lithographie Coulbœuf.

Sa Majesté!!! Imprimerie Coulbœuf.

Sa Majesté!!! Duclaux, éditeur; dépôt chez Madre; lithographie Barousse.

    Tirage différent.

Saint Pierre et saint Badingue. Chez Duclaux.

    Pièce rapportée dans la robe.

Saint Pierre et saint Badingue. Lithographie Lemaine.

    Tirage différent.

Saint Pierre et saint Badingue. Lithographie Lemaine.
> Autre état. Différences notables dans les ombres.

Le Rêve, par Faustin. Imprimerie Coulbœuf.
> Signée : F.

Le Rêve, par Faustin. Sans nom d'imprimeur.
> Tirage différent.

Le Singe. Chez Duclaux ; dépôt chez Madre; lithographie Lemaine.

Le Singe. Chez Duclaux; dépôt chez Madre; lithographie Lemaine.
> État différent; différences dans les ombres. Deux signatures : *F.* et *Faustin.*

Le Sire de Fiche-son-can, par Faustin. — *Sur son dada favori.* Sans nom d'éditeur ni d'imprimeur.

Le Sire de Fisch-ton-Kan. — *A cheval sur son dada.* Chez Duclaux; dépôt chez Madre; lithographie Lemaine.
> Tirage différent du précédent.

Une Charge, par Faustin. Chez Duclaux.

Une Charge, par Faustin. Chez Duclaux.
> État et papier différents ; très légères différences.

Les Châtiments illustrés, par Faustin. Imprimerie Coulbœuf.

Les Chatiments. *La seule colonne à laquelle il puisse prétendre.* Sans nom d'imprimeur.
> Signée deux fois : *F.* et *Faustin.*

Le Chatiment. *La seule colonne*, etc. Lithographie Barousse.
> Tirage différent du précédent ; différences notables. Signée : *Faustin.*

Le Chatiment. *Impossible !!!* Imprimerie Coulbœuf.
> Signée : *Faustin.*

Les Chatiments, par Faustin. *Impossible !!!* En vente chez Duclaux ; imprimerie Coulbœuf.
> État différent du précédent ; différences notables. Signée *F.*

Les Chatiments, par Faustin. *Impossible !!!* En vente chez Duclaux.
> Autre état. Signée : *Faustin.*
> Il existe de ce dernier tirage des exemplaires sur papier fort avec de très légères différences.

La Charité, s'il vous plaît. Chez Duclaux; lithographie Lemaine.
> Signée : F.

La Charité, s'il vous plaît. Chez Duclaux; lithographie Lemaine.
> État différent. Très légères différences dans les ombres et les boutons du gilet. Signée : F.

De Profundis!!! Chez Duclaux; Lithographie Lemaine.

De Profundis!!! Chez Duclaux; lithographie Lemaine.
> État différent; différences dans les ombres.

.... Faut s'entr'aider. Se vend chez Coulbœuf.
> Signée : F.

.... Faut s'entr'aider. Se vend chez Coulbœuf.
> État différent. Très légères différences dans les ombres de la chevelure.

Un Animal à l'engrais, par Faustin. Imprimerie Coulbœuf.
> Signée : F.

Un Animal à l'engrais. Duclaux, éditeur; dépôt chez Madre; lithographie Lemaine.
> Tirage différent. Différences notables. Signée : *Faustin*.

Confession de Badinguet à la République. Placard. Typographie Rouge frère, Dunon et Fresne.

Confession de Badinguet, etc. Paris, typographie Rouge; Bureau de vente au Havre, chez M. Leclerc.
> État différent.

Confession de Badinguet. Maisons de vente : à Paris chez Chatelain, au Havre chez M. Leclerc.
> Autre état.

Apothéose, par Faustin. Sans nom d'éditeur ni d'imprimeur.

Monsieur Pipelet. En vente chez Strauss; imprimerie Coulbœuf.

Monsieur Pipelet. En vente chez Strauss.
> État différent.

Madame Pipelet. En vente chez Strauss; imprimerie Coulbœuf.

Madame Pipelet. En vente chez Strauss.
> État différent.

Une Querelle dans le ménage. Imprimerie Coulbœuf.
> Sans signature, attribuée à *Faustin*.

Madame de Framboisie. Imprimerie Coulbœuf.
Madame de Framboisie. En vente chez Duclaux ; dépôt chez Madre.
> État différent.

Eugénie ou la Nouvelle Suzanne au bain. Dépôt chez Madre ; imprimerie Coulbœuf.
> Signée : F.

Eugénie ou la Nouvelle Suzanne au bain. Chez Duclaux ; dépôt chez Madre ; imprimerie Lemaine.
> Tirage différent.

La Poule. Sans nom d'éditeur ni d'imprimeur.
> Signée : F. Avec les noms des personnages.

La Poule. Imprimerie Lemaine.
> Tirage différent ; notables différences. Sans signature.

La Poule. Imprimerie Lemaine.
> État différent. Signée : F.

La Poule. Sans nom d'éditeur ni d'imprimeur.
> Autre tirage ; légères différences avec le précédent. Sans signature.

La Poule. Imprimerie Coulbœuf.
> Autre tirage.

Pierre Bonaparte. Imprimerie Coulbœuf ; se vend chez Coulbœuf.
L'Aquarium. Sans nom d'imprimeur.
> Signée : Faustin.

L'Aquarium. En vente chez Duclaux ; dépôt chez Madre ; lithographie Lemaine.
> Tirage différent ; différences dans les légendes. Signée : F.

Un Nid de chenilles, par Faustin. In-8. Lithographie Lemaine.
La Princesse Mathilde. Saillant, éditeur ; lithographie Barousse.
> Sans signature, attribuée à *Faustin*.

LES FEMMES D'ÉGLISE. *Isabelle de Bourbon.* Saillant, éditeur ; lithographie Barousse.
ACTUALITÉS (4). *L'Abbesse de Longchamps.* Saillant, éditeur ; imprimerie Barousse.

1871 par Faustin

PENDANT LA GUERRE ET LA COMMUNE (1870-71). 53

Les Hommes d'église :

Louis Veuillot. Saillant, éditeur; imprimerie Barousse.
Le Révérend Père Jules Favre. Saillant, éditeur; imprimerie Barousse.
(N° 3). *Le Jésuite Pinard.* Saillant, éditeur; lithographie Barousse.
L'Abbé Trochu. Saillant, éditeur; imprimerie Coulbœuf.
L'Abbé Trochu. Sans nom d'éditeur ni d'imprimeur.
    Tirage différent.

Le Lièvre. En vente chez Duclaux; dépôt chez Madre; lithographie Lemaine.

Le Lièvre. En vente chez Duclaux; dépôt chez Madre; lithographie Lemaine.
    État différent; différences notables dans les ombres et le dessin.

Grandeur et Décadence, par Faustin. En vente chez Duclaux; dépôt chez Madre; lithographie Lemaine.

Actualité, par Faustin. *Un sombre Polichinel.* En vente chez Duclaux; dépôt chez Madre; lithographie Lemaine.

Actualité. *Se demandant encore s'il va faire une dernière trouée.* En vente chez Duclaux; dépôt chez Madre; lithographie Lemaine.

Actualités. *Se demandant,* etc. En vente chez Duclaux; dépôt chez Madre; lithographie Lemaine.
    État différent; très légères différences.

Actualités. *Comment sortira-t-il de là!...* En vente chez Duclaux; dépôt chez Madre; lithographie Lemaine.

Jadis et aujourd'hui. En vente chez Duclaux; dépôt chez Madre; lithographie Lemaine.

Grandeur et servitude militaire. Chez Duclaux; lithographie Lemaine.
    Signée : F.

Se figurent-ils avoir perverti le Christ? Saillant, éditeur; imprimerie Coulbœuf.

Se figurent-ils, etc. Sans nom d'imprimeur ni d'éditeur.
    Tirage différent.

La Clef de la situation. Chez Duclaux; dépôt chez Madre; lithographie Lemaine.

La Clef de la situation. Chez Duclaux; dépôt chez Madre; lithographie Lemaine.
    État différent; très légères différences dans les ombres.

Un Cabinet. Chez Duclaux; dépôt chez Madre; lithographie Lemaine.

Les Melons. Chez Duclaux; dépôt chez Madre; lithographie Lemaine.

    Signée : F.

Entre diplomates. Chez Duclaux; lithographie Lemaine.

Le Vieux Singe savant. Madre, éditeur; lithographie Barousse.

La Dynastie des Troppmann. Dépôt chez Madre.

Une Scène de brigands. Lithographie Barousse.

Les Trois Grâces. Lithographie Barousse.

    Sans signature, atribuée à *Faustin*.

La Mère Thiers, par Faustin. En vente chez Chatelain; lithographie Lemaine.

Les Lapins d'Orléans, par Faustin. En vente chez Duclaux; dépôt chez Madre; lithographie Lemaine.

ACTUALITÉS, par Faustin. *Peuple! défie-toi de ce plâtre!* En vente chez Chatelain; lithographie Lemaine.

ACTUALITÉS. *Elle me résistait, je l'ai assassinée!* Dépôt chez Madre.

ACTUALITÉS (n° 1). *Un Cosaque ravissant.* Deforet et César, éditeurs; imprimerie Talons.

ACTUALITÉ. *Si on les écoutait ces s...*, etc. Madre, éditeur; lithographie Barousse.

ACTUALITÉ, par Faustin. *Pauvre Colombe!* Duclaux, éditeur; dépôt chez Madre; lithographie Barousse.

ACTUALITÉ, par Faustin. *Pauvre Colombe!*

    État différent; différences dans les ombres; de plus l'E d'« Actualité » n'a pas d'accent.

ACTUALITÉ. *La République saura bien leur échapper...* Madre, éditeur; lithographie Barousse.

ACTUALITÉ. *Thiers et la République.* En vente chez Duclaux; dépôt chez Madre; lithographie Lemaine.

ACTUALITÉ. *Le Frère à Arthur!...* En vente chez Duclaux; dépôt chez Madre; lithographie Lemaine.

    Sans signature, attribuée à *Faustin*.

Actualité, par Faustin. *Le Manque complet d'appartements oblige*, etc. Duclaux, éditeur; dépôt chez Madre.

Sa Royauté Guillaume de Prusse. Imprimerie Coulbœuf.

Sa Royauté Guillaume de Prusse. Duclaux, éditeur; dépôt chez Madre; lithographie Barousse.

>Tirage différent.

A Augusta, impératrice de toutes les Russes. Duclaux, éditeur; dépôt chez Madre; lithographie Barousse.

Le Carnaval de cette année. Madre, éditeur; lithographie Barousse.

Étrennes utiles. En vente chez Duclaux; lithographie Lemaine.

Paris est bien gardé. In-8. Se vend chez Coulbœuf.

Les Amazones de la Seine. Imprimerie Coulbœuf.

>Sans signature, attribuée à *Faustin*.

Les Amazones de la Seine. Imprimerie Coulbœuf.

>État différent; différences dans le dessin; le gardien a la tête de Veuillot.

Les Amazones de la Seine.

>Autre état et autres différences très notables. Signée : *Faustin*.

Les Amazones de la Seine.

>Autre état; très légères différences avec le tirage précédent, mais sans signature. Les légendes sont en bâtarde.

Victor Hugo, par Faustin. Sans nom d'imprimeur.

Victor Hugo, par Faustin. En vente chez Duclaux; dépôt chez Madre; lithographie Lemaine.

>Tirage différent; très grandes différences.

Victor Hugo!!! Imprimerie Coulbœuf.

Clément Thomas. (*Galerie des grandes figures.*) Madre, éditeur; lithographie Barousse.

Clément Thomas. Sunt lacrimæ rerum. Madre, éditeur; lithographie Barousse.

Félix Pyat. Encore un four! Imprimerie Coulbœuf.

Aux gardes nationaux de Paris. *Le commandant qu'il faut.* Lithographie Barousse.

Les Élections en 1871. En vente chez Duclaux; dépôt chez Madre; lithographie Lemaine.

ACTUALITÉ, par Faustin :

Maître et Valet. In-8. Saillant, éditeur; lithographie Lemaine.

La Suite aux valets, par Faustin.

(N° 2). In-8. Saillant, éditeur; imprimerie Ch. Barousse.

La Mare au Diable, par Faustin. In-8. Saillant, éditeur; imprimerie Fraillery.

Badingue chez le Bon Dieu. En vente chez Duclaux; lithographie Lemaine.

Sans signature, attribuée à *Faustin.*

Sa Sainteté le Pape déménage!... En vente chez Plataut; lithographie Coulbœuf.

Sans signature, attribuée à *Faustin.*

Conseils d'une vieille punaise, etc. Duclaux, éditeur; imprimerie Barousse.

Sans signature, attribuée à *Faustin.*

Le Cadavre récalcitrant (n° 1), pamphlet de 4 pages, illustré par Faustin. En vente chez Madre; lithographie Barousse.

Signée : *F.*

1871, par Faustin. Dépôt chez Madre; lithographie Barousse :

N° Spécimen. *On parlera de sa gloire,* etc.

1. *Pour servir à perpétuer,* etc.
2. (Sans légende).

Il existe un autre tirage du n° spécimen qui est de toute rareté. Il ne porte pas « *1871. — N° spécimen* » et la chanson de Béranger qui sert de légende a 2 couplets.

FIGURES CONTEMPORAINES. Chez Duclaux; dépôt chez Madre; lithographie Lemaine :

1. *Le Généralle Changarnier.*
2. *Thiers, la reine des poires cuites.*

FIGURE DE SIRE (3). Lithographie Barousse :

Monsieur.

FIGURE DE CIRE. Lithographie Barousse :

Madame.

LES HOMMES DU JOUR. Imprimerie Coulbœuf :

1. *Jules Favre écrase Bismarck, l'araignée crabe.*
2. *Gambetta soulève les provinces.*
3. *Rochefort construit des barricades.*

Nos Grrrands Généraux. Chez Duclaux; dépôt chez Madre; lithographie Lemaine :

1. *Le brave général Ducrot.*
   Non signée.
2. *Le brave général Vinoy.*
3. *Garibaldi.*
4. *Le général Chanzy.*
   Non signée.

La famille a Riquiqui :

1. *Napoléon III faisant une vente forcée.* Imprimerie Coulbœuf.
1. *Napoléon III faisant une vente forcée.* Sans nom d'imprimeur ni d'éditeur.
   Tirage différent.
2. *Brave comme papa.* Imprimerie Coulbœuf.
2. *Brave comme papa.* Sans nom d'imprimeur ni d'éditeur.
   Tirage différent.
3. *Le Pauvre Homme.* Imprimerie Coulbœuf.
3. *Le Pauvre Homme.* Sans nom d'imprimeur ni d'éditeur.
   Tirage différent.
(Sans numéro). *Actualité.* Sans nom d'imprimeur.
   Sans signature.
(Sans numéro). *Actualité.*
   Autre état, papier fort; très légères différences.
5. *Hue, hue, vieille rosse.* Lithographie Lemaine.
6. *Au bagne!* Imprimerie Lamelin.

Le Musée-homme, ou le Jardin des bêtes. Saillant, éditeur; lithographie Barousse :

1. *Monsieur Trochu, l'escargot des jardins.*
2. *Mosieu Thiers, le plus élevé de France.*
3. *L'Animal des cloaques,* etc.
4. *Jules Favre, la fontaine qui pleure.*
5. *Ernest Picard, l'éléphant d'Europe.*
6. *Maître Ollivier, le papillon des soucis.*
7. *Garibaldi, le lion de la liberté.*
8. *Le comte de Paris, le crocodile.*
9. *Henri Rochefort, le matou,* etc.
10. *Monsieur Dupanloup,* etc.
11. *Victor Hugo.*
12. *Menotti, fils de Garibaldi.*
13. *Monsieur Grévy,* etc.
14. *Maître Floquet,* etc.
15. *Félix Pyat, le fils d'un coq.*
16. *Maître Dufaure, la violette parlementaire.*

Le Musée comique. Chez Duclaux; dépôt chez Madre; imprimerie Lemaine :

1. *Guillaume nomme Badingue son premier invalide.*
2. *Demandez l'avant-garde,* etc.
3. *Les Prussiens commençant à se refroidir,* etc.
4. *Le Retour du fiancé en Allemagne.*
5. *A M. Jules Ferry,* etc.

LE MUSÉE COMIQUE.

    Tirage différent des cinq pièces précédentes, ne portant pas : imprimerie Lemaire.

PARIS BLOQUÉ. 24 planches. En vente chez Duclaux; dépôt chez Madre; lithographie Barousse :

1. Le Marin. — Le chien de mer passe encore, etc.
2. L'Épicière. — 25 francs la livre, etc.
3. La Garde nationale aux remparts.
4. La Carotte et la Pomme de terre.
5. Vous savez, Fricando?
6. !.... Dis donc Patrice.
7. Le Marché aux lapins.
8. Le Rationnement du pain.
9. Adieux d'un moblot à la... mobile.
10. Quelques Binettes d'assiégés.
11. Le Garde national aux avant-postes.
12. 6 heures du matin : la Queue à la boucherie.
13. La Chasse aux lapins de gouttière.
14. Ché bien dur l'exerchiche, etc.
15. La Betterave, les champignons, le poireau.
16. Dans les compagnies de guerre.
17. Garçon, votre parole d'honneur, etc.
18. La Prière du marin.
19. C'est-il bon, la petite mère, etc.
20. L'Amazone de la Seine.
21. La Statue de neige.
22. Une bonne prise.
23. A Montretout, mort pour la patrie, etc.
24. Un Plan.

    Les numéros 5 et 6 existent sans indication de numéros.

PARIS BLOQUÉ. 24 planches. En vente chez Duclaux; dépôt chez Madre; lithographie Lemaine et fils.

    Tirage différent des 24 planches ci-dessus.

LES FEMMES DE PARIS ASSIÉGÉ, 8 planches. Saillant, éditeur; imprimerie Lemercier :

1. Un Dévouement.
2. L'Ambulance bombardée.
3. L'Obus tombe, etc.
4. Nos Amazones de la Seine.
5. Parti en guerre.
6. Les Abandonnées.
7. La Sœur.
8. La Fiancée.

LES NOUVEAUX IMPÔTS. 8 planches. En vente chez Duclaux; imprimerie Barousse :

1. L'Impôt sur le café.
2. L'Impôt sur le pétrole.
3. L'Impôt forcé sur les fusils de chasse.
4. L'Impôt sur le sel.
5. L'Impôt sur les voitures.
6. L'Impôt sur les chats.
7. L'Impôt sur les baisers.
8. Suifs et allumettes.

PENDANT LA GUERRE ET LA COMMUNE (1870-71).

TABLEAU DE PARIS, 4 planches. Dépôt chez Madre; Duclaux, éditeur; lithographie Lemaine et fils :

1. *C'est pas pour le flatter*, etc.
2. *A la Campagne : Mamzelle Françoise maintenant*, etc.
3. *Nos Troupiers chez nous : Pour lorsqu'ayant trouvé*, etc. Sans signature.
4. *Hors barrière. — Tu n'offres pas*, etc.

SÉRIE connue sous le nom de « GUILLOTINES » :

Le *Napoléon le III*^e. Sur le front : *Orsini*. Imprimerie Coulbœuf.

Le *Napoléon le III*^e. Sur le front : *Lâche*. Sans nom d'imprimeur.

   Tirage différent, et différences dans le dessin.

Badinguette. Sur le front : *Pèvre fâme*. Imprimerie Coulbœuf.

Badinguette. Sur le front : *Pôvre fâme*. Imprimerie Coulbœuf. État différent.

Ollivier. Sur le front : *Papillon volage*. Imprimerie Coulbœuf.

Ollivier. Sur le front : *Chenille*. Imprimerie Coulbœuf. État différent.

Guillaume. Imprimerie Coulbœuf.

Bismarck. Imprimerie Coulbœuf.

   Sans signatures, attribuées à *Faustin*.

ACTUALITÉS GROGNET. — Voir les numéros ci-dessous, page 84 :

29. *Oh! la la : Malheur v'la que j'fais comme Badingue*, etc.
30. *Badingue le Truand*.
31. *Sa Majesté Guillaume voulant utiliser Badingue*, etc.

CARICATURES de Faustin parues dans les journaux-charges, non tirées à part :

1° Dans la *Chronique illustrée :*

Le Dernier Conducteur. (N° 4, 11 février 1871.)

L'Homme de Sedan. (N° 5, 11 mars 1871.)

Délivrons le territoire. (N° 11, 17 février 1872.)

L'Année terrible. (N° 20, 26 mai 1872.)

2° Dans la *Charge :*

Ils l'ont tué. (N° 19, 20 août 1870.)
   Parue sous l'Empire.

3° Dans le *Grelot :*

Notre sauveur Ducatel. (27 août 1871.)

Mémoire du pétroleur Guillard père. (20 août 1871.)

   Pièce de Faustin signée PUDOR-CAMBRONNE :

T'as de gredins. Sans nom d'imprimeur.

FÉLON (J.)

Siège de Paris. Série de 5 pièces in-8. Lecomte, éditeur ; imprimerie A. Bry :

L'Hymne national (août 1870).
Les Habitants des campagnes se réfugient dans Paris (septembre 1870).
Les Mobiles de la Côte-d'Or et leurs trophées (octobre 1870).
Les Femmes et les enfants se réfugient dans les caves (janvier 1871).
Rationnement de la boulangerie.

Pièce signée A. F. (**FERDINANDUS**).

2 Décembre : Sedan. in-4. Lithographie Barousse.

FERRAT.

La Vision de l'infâme. Saillant, éditeur ; imprimerie Lemercier.
    Sans signature, attribuée à *Ferrat*.

Emblèmes patriotiques. Saillant, éditeur ; imprimerie Lemercier ; Bocquin, lithographe ; Émile Cogny, inventeur breveté.
    Sans signature, attribuée à *Ferrat*.

L'OEuvre de Satan. Saillant, éditeur ; imprimerie Lemercier ; Bocquin, lithographe ; Émile Cogny, inventeur breveté.
    Sans signature, attribuée à *Ferrat*.

L'OEuvre de Satan II.
    État différent du précédent.

FEYEN-PERRIN.

Napoléon III et Napoléon Ier *contemplant un champ de bataille.*
    Sans légende. Très belle eau-forte.

FILOZEL. *Voir* KLENCK (P.)

FLAMBART.

Série de 9 numéros :

1. *Venez voir le seul et unique*, etc.
    Sans nom d'éditeur ni d'imprimeur.

— La même pièce non numérotée.
    Signée K. W.; différences notables.

2. *Le Dégommé parlant.* Sans nom d'éditeur ni d'imprimeur.
3. *Excursion de Guillaume.* Sans nom d'éditeur ni d'imprimeur.
4. *L'Enfance.* Sans nom d'éditeur ni d'imprimeur.
5. *La Tentation.* Chez Claverie.
6. *Sérénade à Berlin.* Sans nom d'éditeur ni d'imprimeur.
7. *Les Conserves du Roi de Prusse.* Sans nom d'éditeur ni d'imprimeur.
8. *Nouvelles du jour.* Nom d'éditeur illisible.
9. *Proclamation en l'air.* Sans nom d'éditeur ni d'imprimeur.
Sans numéro. *Souvenir du 15 novembre.* Sans nom d'éditeur ni d'imprimeur.

FRÉVILLE (F.)

ACTUALITÉ. *Manteau impérial, manteau royal, bonnet phrigien* (sic), etc. Duclaux, éditeur; dépôt chez Madre; imprimerie Barousse.

ACTUALITÉ. *Allons donc? Arrêter la République*, etc. Duclaux, éditeur; dépôt chez Madre; imprimerie Barousse.

ACTUALITÉ. *M. Prudhomme a raison*, etc. Duclaux, éditeur; dépôt chez Madre; imprimerie Barousse.

Citoyen Pape, c'est à la liberté que reste le pouvoir. Duclaux, éditeur; dépôt chez Madre; imprimerie Barousse.

ACTUALITÉS GROGNET. — Voir les numéros ci-dessous page 86 :

79. *Citoyens, le Carnaval est fini*, etc.
80. *Judas qui pleure et Judas qui rit.*
81. *Eh! eh! nous sommes le 15*, etc.
83. *Amour d'enfant, où voles-tu*, etc.

FRONDAS (De).

La Caricature pendant le siège et la Commune.

    Titre non signé, attribué à de Frondas, reproduisant 12 des principales caricatures de la collection (Faustin, Hadol, Saïd, Zut, Alexis, Pilotell, P. Klenck, Baylac, Rosambeau, Draner, de Frondas, Moloch).
    Ce titre a été tiré sur papier de différentes couleurs; il sert de couverture à cet ouvrage.

Napoléon le Petit. Saillant, éditeur.
Napoléon le Petit. Saillant, éditeur; lithographie Barousse.
    État différent.

Les Gaîtés de Badinguet. Saillant, éditeur; lithographie Coulbœuf.

Les Gaités de Badinguet. Sans nom d'éditeur ni d'imprimeur.
    Tirage différent.

Les Voyageurs pour Cassel, en voiture. Saillant, éditeur ; imprimerie Coulbœuf.

Les Voyageurs pour Cassel, etc. Saillant, éditeur ; lithographie Barousse.
    Tirage différent, sans signature.

Souvenirs et regrets. Saillant, éditeur ; lithographie Coulbœuf.

Souvenirs et regrets. Saillant, éditeur ; lithographie Barousse.
    Tirage différent.

Grandeur et décadence. Saillant, éditeur ; imprimerie Coulbœuf.

Grandeur et décadence. Saillant, éditeur ; lithographie Barousse.
    Tirage différent.

Le Nouveau Job. Saillant, éditeur ; imprimerie Coulbœuf.

Le Nouveau Job. Saillant, éditeur ; lithographie Barousse.
    Tirage différent.

Rentrée triomphale de Badinguet. Duclaux, éditeur ; imprimerie Coulbœuf.

Rentrée triomphale, etc.
    Tirage différent. Signée : D.

En 1848. Saillant, éditeur ; imprimerie Coulbœuf.

En 1848. Saillant, éditeur ; lithographie Barousse.
    Tirage différent et différences notables.

En 1870. Saillant, éditeur ; imprimerie Coulbœuf.

En 1870. Saillant, éditeur ; lithographie Barousse.
    Tirage différent.

Dernier Espoir. Saillant, éditeur ; imprimerie Coulbœuf.

Dernier Espoir. Saillant, éditeur ; lithographie Barousse.
    Tirage différent.

La Cour de Willemshoe. Saillant, éditeur ; imprimerie Coulbœuf.

La Cour de Willemshoe. Saillant, éditeur ; lithographie Barousse.
    Tirage différent.

Un Bain de sang. Saillant, éditeur ; imprimerie Coulbœuf.

PENDANT LA GUERRE ET LA COMMUNE (1870-71).

Un Bain de sang. Sans nom d'imprimeur ni d'éditeur.
> Tirage différent.

Le Club des patineurs. Duclaux, éditeur; imprimerie Coulbœuf.
Le Club des patineurs. Duclaux, éditeur; lithographie Lemaine.
> Tirage différent.

Dégommé. Lithographie Lemaine.
Les Coulisses du grand théâtre de Bordeaux. Chez Duclaux; imprimerie Deplanche.
Les Coulisses, etc... Chez Duclaux; lithographie Lemaine.
> Tirage différent.

Revue rétrospective. Chez Duclaux; dépôt chez Madre; lithographie Barousse.
Revue rétrospective : l'Arcadie. Chez Duclaux; dépôt chez Madre; imprimerie Deplanche.
> Tirage différent.

En Vedette. Chez Duclaux; dépôt chez Madre.
En Vedette. Chez Duclaux; dépôt chez Madre; imprimerie Deplanche.
> Tirage différent.

Le Parlement croupion. Chez Duclaux; dépôt chez Madre; imprimerie Deplanche.

Pièces de De Frondas signées ᚪ :

Thiers Ier roi des capitulards. Duclaux éditeur; dépôt chez Madre; Lithographie Barousse.
Thiers Ier roi des capitulards. Lithographie Barousse.
> Tirage différent et différences notables.

Sainte Famille. Duclaux, éditeur; lithographie Barousse.
Sainte Famille. Duclaux, éditeur; sans nom d'imprimeur.
> Tirage différent.

Les Capitulards. Chez Duclaux; dépôt chez Madre; lithographie Lemaine.
La Comédie politique. Chez Duclaux; dépôt chez Madre; lithographie Lemaine.

Les Chenilles. Chez Duclaux; dépôt chez Madre; lithographie Lemaine.

Les Prussiens de Versailles. Chez Duclaux; dépôt chez Madre; lithographie Lemaine.

Une Vieille coquette. Chez Duclaux; dépôt chez Madre; lithographie Lemaine.

La Fin d'un traître. Chez Duclaux; lithographie Lemaine.

La Fin d'un traître.

    Tirage différent, sans signature.

L'Exécutif rural. Duclaux, éditeur; dépôt chez Madre; lithographie Barousse.

Coup manqué. Duclaux, éditeur; dépôt chez Madre; lithographie Barousse.

Nouveau Coup de balai. Duclaux, éditeur; dépôt chez Madre; lithographie Barousse.

Aux Buttes Montmartre : Le général Vinoy. Duclaux, éditeur; dépôt chez Madre; lithographie Barousse.

Le Grand Désespoir d'Ernest Picard. Duclaux, éditeur; dépôt chez Madre; lithographie Barousse.

La Revue des prétendants. Duclaux, éditeur; dépôt chez Madre; lithographie Barousse.

Les Conspirateurs. Chez Duclaux; lithographie Van Geleyn.

En Tournée électorale. Chez Duclaux; lithographie Van Geleyn.

Mon Enterrement. Chez Duclaux; lithographie Van Geleyn.

Le Conseil privé. Chez Duclaux; dépôt chez Madre; lithographie Lemaine.

Le Conseil privé. Mêmes éditeurs.

    Tirage différent et quelques différences.

Bonaparte est à Versailles. Chez Duclaux; dépôt chez Madre.

Manifeste de Badinguet. Chez Duclaux; dépôt chez Madre; imprimerie Deplanche.

Un Vieux Cerf. Chez Duclaux; dépôt chez Madre; imprimerie Lemaine.

Un Vieux Cerf. Chez Duclaux; dépôt chez Madre; imprimerie Deplanche.

    Tirage différent.

Les Mystères de l'épicerie. Chez Duclaux; dépôt chez Madre.
Rossel. Duclaux, éditeur; imprimerie Lefebvre.
Laissez circuler librement Plon-Plon. Lefman sc.

    Sans légende.

La Marchande de poissons. Saillant, éditeur; imprimerie Coulbœuf.

    Sans signature, attribuée à *de Frondas*.

La Marchande de poissons. Saillant, éditeur; imprimerie Barousse.

    Tirage différent.

Béguins et béguines. Sans nom d'éditeur ni d'imprimeur.

    Attribuée à *de Frondas*.

Nos Bons Curés. Sans nom d'éditeur ni d'imprimeur.

    Attribuée à *de Frondas*.

Les Palinodies d'un homme d'État.

    Sans signature, attribuée à *de Frondas* et à *P. Klenck*. (Voir P. KLENCK.)

Robert-Macaire essayant la défroque royale.

    Sans signature, attribuée à *de Fondas* et à *P. Klenck*. (Voir P. KLENCK.)

La Belle Adolphine.

    Sans signature, attribuée à *de Frondas* et à *P. Klenck*. (Voir P. KLENCK.)

LA PUCE EN COLÈRE, feuille satirique. Duclaux, éditeur; Blot, imprimeur :

1. *Sont-ils assez gentils tous ces prétendants*, etc.
2. *Un bouquet de prétendants.*
3. *1871. La réaction cherchant*, etc.
4. *Le Parc de Chislehurst.*

    Il y a des tirages à part en noir de ces quatre caricatures sans le titre général « LA PUCE EN COLÈRE ».

PARIS GARDE NATIONAL, souvenir des deux sièges. Première série. Duclaux, éditeur; lithographie Barousse :

1. *Le Coup de balai du 4 septembre.*
2. *Le Jeu de bouchon.*
3. *Quand on n'est pas de service.*
4. *Le Retour de Ménélas.*
5. *Les Gardes civiques: le Délégué à la boucherie.*
6. *Un poste de gardes civiques.*
7. *Un Réfractaire sous la Commune.*
8. *Le Clairon.*
9. *Un Roman interrompu.*
10. *Plus connu aux réunions publiques*, etc.

PARIS INCENDIÉ. Duclaux, éditeur; dépôt chez Madre; lithographie Barousse :

1. *Hôtel de Ville.*
2. *Palais des Tuileries.*
3. *Théâtre de la Porte Saint-Martin.*
4. *Ministère des finances.*
5. *Le Palais-Royal.*
6. *Le Palais de la Légion d'honneur.*

MARRONS SCULPTÉS. 29 planches, plus le titre. Chez Duclaux; lithographie Barousse :

Titre.
1. *La mère Thiers*, etc.
2. *Scène du déluge : Jules Favre.*
3. *Ernest Picard.*
4. *Vinoy ou le parfait gendarme.*
5. *Ducrot, dit Trompe-la-mort, et sa fiancée.*
6. *Le comte de Paris.*
7. *Trochu (Ignace de Loyola) et son plan.*
8. *Jules Ferry*, etc.
9. *Le prince de Joinville.*
10. *Le capitaine Fracasse (duc d'Aumale).*
11. *Dufaure (l'ange de la conciliation).*
12. *Changarnier se trompant de porte.*
13. *Garnier-Pagès employant ses loisirs*, etc.
14. *Jules Simon. Quelle onction*, etc.
15. *Le président Devienne*, etc.
15 bis. *Plon-Plon (un général de cabinet*, etc.*).*
16. *Pierre Bonaparte songeant après le crime*, etc.
16 bis. *Guillaume.*
17. *Bismarck.*
18. *Badinguet (dernière incarnation).*
19. *Émile Ollivier contemplant*, etc.
20. *La Belle Écaillère de l'Univers.*
21. *Piétri (grand assortiment de complots*, etc.*).*
22. *Le brave Le Bœuf se préparant*, etc.
23. *Rouher regrettant*, etc.
24. *Henri, comte de Chambord, et sa cour.*
25. *Villemessant émargeant*, etc. Sans nom d'imprimeur ni d'éditeur.
26. *Vautrain cherchant*, etc. Sans nom d'imprimeur ni d'éditeur.
27. *Bazaine pendant la bataille de Gravelotte.* Sans nom d'imprimeur ni d'éditeur.

Il existe des contrefaçons des numéros 10 et 11.
Il existe du numéro 16 bis (*Guillaume*) un tirage en or, avec *dépôt chez Madre* (collection Tardent).
Les numéros 25, 26, 27, ont été faits en 1872 par *de Frondas et P. Klenck.*

Pièces de De Frondas signées JUVÉNAL :

LE PILORI DE 1871. Lithographie Heynen :

1. *Vinoy. Thiers, J. Favre (assassins).* Sans nom d'imprimeur ni d'éditeur.

PENDANT LA GUERRE ET LA COMMUNE (1870-71).

1. *Vinoy, Thiers, J. Favre* (les associés de la nouvelle République). Lithographie Heynen. Tirage différent.
2. *Les Lauriers de M. Thiers.*
3. *L'Ordre règne.*
4. *Vinoy, biche devant les Prussiens, féroce à Paris.*
5. *Garde-chiourme : Jolie fonction*, etc.
6. *Un Mendiant royal.*

FUSCHS.

Le 2 Décembre. Chanson; paroles de Villemer et Soubize, musique de Blétry. Imprimerie Bertauts.

OLIVIER CHEF DU SÉRAIL

GABILLAUD (L.), *pièces signées* : **L. G.**

Les Refrains de la rue. Chansons. Ed. Blot, imprimeur :

1. La Fiancée de Billou.
2. L'Entrée triomphale de Badinguet à Paris.
3. Les Prussiens en Alsace.
4. A Bas les Rois.
5. L'Évacuation des Prussiens.

La Femme du déporté.
Les Prétendants au trône de France.
Paix aux morts.
La Famille infernale.

La Mort de Badinguet. | *La Capitulation de Sedan.*

Ces six dernières pièces ne sont pas numérotées.

ALBUM RÉVOLUTIONNAIRE DE 1871. En vente chez M. Pigeol, marchand de vins. Imprimerie Ed. Blot :

1. *Le Plan Trochu* (sans dessin).
2. *L'Avocat larmoyant.*
3. *Le Grrrand Déménagement de l'Hôtel de Ville.*
4. *Les Gros Bonnets du provisoire.*
5. *La Proclamation de Louis-Philippe II* (sans dessin).

GAILLARD.

O France! es-tu enfin délivrée, etc. Gadola, imprimeur à Lyon.
Signée : G.

Un Cochon engraissé pendant vingt ans, etc. Gadola, éditeur à Lyon; lithographie Morand.

Le Grand Patriote italien et ses enfants. Gadola, éditeur à Lyon; lithographie Morand.

Badinguet passant par Cassel. Sans nom d'imprimeur.

Situation en 1871. Bernasconi, éditeur à Lyon; imprimerie Blein.

Un Journaliste prudent. Sans nom d'imprimeur.

GAILLARD Fils.

L'ACTUALITÉ :

1. *Mars 1871. Thiers Ier, roi des capitulards.* Sans nom d'imprimeur.
1. *Mars 1871. Thiers Ier,* etc. Madre, éditeur; imprimerie Grognet. Tirage différent.
2. *Mars 1871. Ce qui les attend.* Madre, éditeur; lithographie Grognet.
3. *Avril 1871. Ils sont-là !!!* Madre, éditeur; lithographie Barousse.

SUPPLÉMENTS DE « L'ACTUALITÉ » :

1. *Mars 1871. Les Messieurs de la paix : M. Thiers.* Madre, éditeur; imprimerie Grognet.
2. *Thiers le dompteur* (1). Madre, éditeur; imprimerie Sénéchal.
3. *Thiers le dompteur* (2). Madre, éditeur; imprimerie Sénéchal.
4. *Thiers le dompteur* (3). Madre, éditeur; imprimerie Sénéchal.

La République universelle, chant socialiste des travailleurs. Chanson de 4 pages. Imprimerie Chapatte; chez l'auteur.

GASTINEAU.

Mes jours sont condamnés, air connu. Imprimerie Talons.
Mes jours sont condamnés. En vente, 29, rue d'Amsterdam.
> Tirage différent.

Robert Macaire et Bertrand. A propos de l'emprunt national. Imprimerie Talons.
Exploits d'un nouvel Hercule. Imprimerie Talons.
> Cette caricature n'a jamais été mise en vente ; elle n'a été tirée qu'à 10 ou 12 exemplaires.

GÉDÉON.

Nos vainqueurs, 1870-1871. Lithographie Jeunet, Amiens :

Titre en noir.
1. *Marche*.
2. *En place, repos*.
3. *Cuir-acier*.
4. *Général Brûle-Tout*.
5. *En faction*.
6. *Salut*.
7. *Ambulancier*.
8. *Gendarme*.
9. (Sans légende.) (Une feuille de vigne).
10. *Uhlan*.
11. *Landwehr*.
12. *Notable de Berlin*.
13. (Sans légende) (Ein thaler).

> Le n° 13 n'a pas été mis dans le commerce.

GILL (A.)

Suppléments de *l'Éclipse*, 5 numéros. — Voir pour le détail page 78.
Bélisaire, étude antique. Sans nom d'imprimeur ni d'éditeur.
> Tirage à part du dessin du supplément du n° 119 de *l'Éclipse* (1er mars 1870). Parue sous l'Empire.

Le Siège de Paris. Se vend chez Coulbœuf.
Théorie de la garde nationale et du combat. Placard grand in-8. Imprimerie Vallée.
Le plan Trochu. Grand in-8, publiée par le journal *le Grelot*.
> Cette planche eut plusieurs éditions imprimées sur différents papiers et à différents prix.

LE REVEIL DU LION par GILL

Les Martyrs de Strasbourg. Dépôt chez Matt; imprimerie Tirnocq.

> Ce dessin n'est autre que la réduction de celui paru dans l'*Éclipse* du 14 août 1870, intitulé : *la France en danger.*

Complainte de Badinguet. Chanson. Typographie Rouge.

> Sans signature, attribuée à *Gill.*

Complainte de Badinguet. Imprimerie Vallée.

> Tirage différent.

Le Soldat. Lefman sc.

> Cette pièce, signée « *A. Gill, décembre 1870, route du Bourget.* » est de toute rareté.

Les Marchands de bois (Siège de Paris, 1871).

> Dessin original. Collection F. Wurth.

Sans légende, signée : *And. Gill, 18 mars, Buttes-Montmartre.*

Sans légende, signée : *And. Gill, Montmartre, 19 mars.*

Sans légende, signée : *And. Gill, 22 mars* (portrait de Cluseret).

Sans légende, signée : *And. Gill, 26 mars 71* (un fédéré endormi à table).

> Ces quatre pièces, reproduction de fusains, sont de toute rareté.

CARICATURES DE GILL parues dans les journaux-charges, non tirées à part :

1° Dans le *Charivari* :

ACTUALITÉS. *Charité de siège* (n° du 12 octobre 1870).

LES HOMMES DU JOUR :

1. *Trochu* (n° du 6 octobre 1870).
2. *G. Flourens* (n° du 8 octobre 1870).
3. *Vinoy* (n° du 14 octobre 1870).
4. *Dorian* (n° du 17 octobre 1870).
5. *Le général de Polhes* (n° du 21 octobre 1870).
6. *Rochefort* (n° du 21 octobre 1870).
7. *Le général Bourbaki* (n° du 1er novembre 1870).
8. *De Moltke* (n° du 14 décembre 1870).

2° Dans l'*Éclipse* :

ACTUALITÉ :

Embrassons-nous et que cela finisse (n° 130 du 10 juillet 1870).

Chaussures nationales (n° 132 du 1er août 1870).
> Numéro saisi.

Mangeons du Prussien (n° 133 du 7 août 1870).
   Numéro saisi.
La France en danger (n° 134 du 14 août 1870).
   Numéro saisi.
Nouveau Paon (n° 135 du 21 août 1870).
La Marseillaise (n° 136 du 28 août 1870).
Viens-y donc (n° 137 du 4 septembre 1870).
Le Réveil du Lion (n° 138 du 11 septembre 1870).
Les Uhlans, les Uhlans! (n° 139 du 18 septembre 1870).

Suppléments de l'*Éclipse* :

(Sans numéro). *Les Deux Compères*. Imprimerie Vallée ; en vente chez Strauss.
2. *Un Vieux Fou*. Imprimerie Vallée ; en vente chez Strauss.
3. *On demande un boucher*. Imprimerie Vallée ; en vente chez Strauss.
4. *Proclamation au peuple français*. Imprimerie Vallée ; en vente chez Strauss.
5. *Le Vainqueur*.
   Ce supplément est le seul pour porter le titre de l'*Éclipse*.

L'*Éclipse*, dont la publication fut suspendue le 18 septembre 1870, publia ces cinq suppléments pendant la guerre, et ne reparut que fin juin 1871, après la chute de la Commune. On peut y ajouter les caricatures suivantes parues en 1871, mais ayant trait à la guerre :

Remember. (*Éclipse* du 6 août 1871, n° 145.)
Problème. (*Éclipse* du 10 septembre 1871, n° 150.)
Le Jour des Morts (*Éclipse* du 5 novembre 1871, n° 158.)

   3° Dans le *Petit Rappel* :

1. *24 juillet 1870. Espion prussien arrêté aux portes de Metz.*
2. *25 juillet 1870. La Popote au camp de Ban Saint-Martin.*
3. *26 juillet 1870. Paysans des environs de Metz enfouissant leurs objets précieux.*

   4° Dans l'*Illustration* :

1. *Le garde qui veille aux barrières du Louvre* (n° du 18 février 1871).

Les douze dessins de Gill pendant le siège de Paris. Album de 12 planches. Chez Madre :

1. *Le Bombardement.*
2. *Le Bataillon de marche.*
3. *Le Rempart.*
4. *Garde sédentaire.*
5. *Déménagement.*
6. *Marchands de Paris.*
7. *L'Abattoir.*
8. *Boucherie de chien.*
9. *Devant le Bourget.*
10. *La Queue du pain.*
11. *Buzenval.*
12. *Printemps.*

Allons, enfants de la Patrie
Le jour de gloire est arrivé

Saint-Cloud, brochure in-18, par G. STAIR, 1871.

Sur la couverture, un dessin de *Gill*.

GONIN (Guido).

CARICATURES parues dans l'*Esprit follet*, non tirées à part :

Le Départ (n° du 23 juillet 1870).
Touché, etc. (n° du 13 août 1870).

P. P. C. (n° du 20 août 1870).

ALBUM DE L'ESPRIT FOLLET. Compositions de *Guido Gonin*, tirées à part :

Allons, enfants de la patrie (n° du 23 juillet 1870).
Avant le combat (n° du 30 juillet 1870).
Une prière à Notre-Dame des Victoires (n° du 6 août 1870).
Le Blessé (n° du 13 août 1870).
Un Écho de la bataille (n° du 20 août 1870).
En Éclaireurs (n° du 27 août 1870).
Pour la Défense de la patrie (n° du 3 septembre 1870).

4 septembre 1870 (n° du 10 septembre 1870).
Ni démagogie ni réaction, la république (n° du 22 juillet 1871).
En voilà assez, emballez-moi tout ça (n° du 29 juillet 1871).
Tu me tiens, mais je ne t'appartiens pas (n° du 26 août 1871).
Paris en 1874 (n° du 16 septembre 1871).

GRAFF (Émile).

EN-TÊTE de la *Némésis galante* (29 avril 1871).

Complet en un numéro.

Pièce signée : GRAND-DIABLE.

Le Type. — *Que va-t-il se passer ?* Sans nom d'éditeur ni d'imprimeur.

GRÉVIN.

CARICATURES POLITIQUES, parues dans les journaux-charges, non tirées à part :

1° Dans le *Charivari* :

Malheur, on appelle ça des bouches inutiles (n° du 10 septembre 1870).

Les Purg'gnônnes, les Portlaises, etc. (n° du 24 septembre 1870).

Eh bien ! voyons, ça ne te dit donc rien ! (n° du 25 septembre 1870).
Tu sais que Léona part pour Berlin, etc. (n° du 24 au 29 mars 1871).
Ah ! çà, mais, voyons, mon bon, etc. (n° du 31 mars 1871).
Les Horreurs du siège (n° du 1er avril 1871).
La Situation (n° du 10 et 11 avril 1871).

Le Mot de la fin de toute révolution (n° du 12 juin 1871).
Les Horreurs du blocus (n° du 15 juin 1871).
De quoi, un amour de propriétaire, etc. (n° du 16 juin 1871).
La Ville de Paris. — Soyez tranquilles, etc. (n° du 6 juillet 1871).
Savez-vous ce qui m'a le plus privé pendant le siège (n° du 26 juillet 1871).

2° Dans le *Petit Journal pour rire* :

Et parbleu oui, ça pique, etc. (nouvelle série, n° 86).
Si vis pacem, para bellum (n° 87).
Tu me jures de ne pas me... etc. (n° 88).
Pourquoi, dis, mère, etc. (n° 89).
Jamais ! (n° 90).

Débitant de tabac : Tenue de campagne (n° 91).
Huit Jours de plus, mon bon, etc. (n° 93).
Les Collectionneurs en 1871 (n° 94).
Souvenirs et regrets (n° 98).

3° Dans *Paris-Caprice* :

Fantaisies guerrières (n° du 23 juillet 1870).
Fantaisies politiques (n° du 6 août 1870).
Fantaisies patriotiques (n° du 13 août 1870).

Naïveté patriotique (n° du 20 août 1870).
Fantaisie patriotique (n° du 27 août 1870).

4° Dans le *Journal amusant* :

Croquis, 12 croquis (n° du 13 août 1870).
Paris régénéré (n° du 24 juin 1871).
A travers Paris, 7 croquis (n° du 8 juillet 1871).
A travers Paris. A-t-on jamais vu, m'prendre pour Félix Pyat (n° du 15 juillet 1871).
A travers nos ruines, 9 croquis, dont une grande page (n° du 22 juillet 1871).

GROGNET (Collections).

Sous cette rubrique générale sont réunies les différentes séries publiées par l'éditeur Grognet, savoir :

1° Les *Actualités*, de beaucoup la plus importante ; elle comprend

PENDANT LA GUERRE ET LA COMMUNE (1870-71).

87 numéros. Publiée à Paris, elle commence au début de la guerre, traverse tout le siège, toute la Commune et ne prend fin qu'à l'entrée de l'armée de Versailles.

2° *Affiliation de Badinguet.* Complète en 10 numéros.
3° *La Bêtise humaine.* 4 numéros.
4° *Types du jour.* 11 numéros.

ACTUALITÉS :

1. *Sire, un envoyé tenante*, etc.
   Sans signature, attribuée à *Dulasta*.
— La même pièce.
   État différent; différences dans les ombres.
2. *La France : en voilà-t-il*, etc...
   (Metz), par Dulasta.
— *La France : en voilà-t-il*, etc...
   (Paris).
   Sans signature. Différences notables.
— *La France : en voilà-t-il*, etc...
   Dépôt chez Madre. (Paris.)
   État différent.
3. *Ouf, le peau câteau*, etc...
   Sans signature, attribuée à *Dulasta*.
— La même pièce.
   État différent et notables différences.
4. *Je veux bien rendre mon bâton*, etc...
   Signée : AB (Baudet).
— La même pièce.
   État différent; différences dans les ombres et le papier.
5. *Comment, co-quin, tu veux manger ton aigle?* etc...
   Sans signature, attribuée à *Baudet*.
— La même pièce.
   État différent; différences dans les ombres.
6. *Une Entrée à Berlin*, etc...
   Sans signature, attribuée à *Baudet*.

— La même pièce.
   État différent; différences dans les ombres.
7. *Une Fuite en Égypte en passant par Berlin.*
   Sans signature, attribuée à *Bau et*.
— La même pièce.
   État différent et différences dans les ombres.
— *Une Fuite en Égypte en passant par la Prusse.*
   État différent et différences notables.
8. *Le Jeu de quille.*
   Sans signature, attribuée à *Baudet*.
— La même pièce.
   État différent, et différences dans les ombres.
9. *Quand on a tout perdu*, etc.
   Sans signature, attribuée à *Baudet*.
— La même pièce.
   État différent et différences notables.
— La même pièce.
   Autre état : différences dans les ombres.
10. *Ah! çà! voyons, Badinguet*, etc.
    Signée : AB (Baudet).
— La même pièce.
    État différent; différences dans les ombres.
11. *Voyons, puisque nous nous retrouvons, mes amis*, etc.
    Signée : AB (Baudet).

— La même pièce.
  État différent; différences dans les ombres.
— La même.
  État différent : dans le dessin Haussmann n'a pas de favoris.
12. *La République chassant la basse-cour des Tuileries.*
  Signée : *AB (Baudet).*
— La même pièce.
  État différent, différences dans les ombres.
13. *Dernières Nouvelles. Depuis 1852*, etc., par P. Klenck.
— La même pièce.
  État différent : sur le titre, au lieu d' « *Actualités* », il y a : « *Actualités par Paul Klenck.* »
14. *Guillaume. Allons-y, ma vieille*, etc. par P. Klenck.
15. *Les Sabots et les Toupies du jour.*
  Sans signature, attribuée à *Baudet.*
— La même pièce.
  Tirage différent ; différences dans la légende.
16. *Ils ne tenaient plus qu'à un fil*, etc.
  Sans signature, attribuée à *Baudet.*
17. *Ah! çà! dis donc, mon vieux Guillaume*, etc.
  Sans signature, attribuée à *Baudet.*
18. *Pour les dégommés, s'il vous plaît*, par P. Klenck.
19. *La Mort : Dis donc, Badinguet*, etc. par P. Klenck.
20. *Regrets d'une jolie femme.*
  Sans signature, attribuée à *Baudet.*
21. *Corbleu, madame*, etc. par P. Klenck.
— La même pièce.
  Sans nom d'imprimeur ni d'éditeur et sans numéro d'ordre.

22. *Les Trois Larrons*, par P. Klenck.
— La même pièce.
  État différent. Sans numéro d'ordre et sans nom d'éditeur.
23. *Regarde donc, Fleury, ma femme*, etc.
  Sans signature, attribuée à *Baudet.*
24. *Le Nouveau don Quichotte*, par P. Klenck.
— La même pièce. Dépôt chez Madre.
  État différent.
25. *A cette séance on verra*, etc., par P. Klenck.
26. *Comment, je vous dis de me peindre*, etc.
  Sans signature, attribuée à *Baudet.*
27. *Les Déchus.*
  Signée : *E. V. (Vidal.)*
28. *Guillaume : Tartéfle, Bismarck*, etc.
  Sans signature, attribuée à *Vidal.*
29. *Oh! la! la! malheur! vla que j'fais comme Badingue*, etc.
  Signée : *F. (Faustin).*
30. *Badingue-le-Truand.*
  Signée : *F. (Faustin).*
31. *Sa Majesté Guillaume voulant utiliser*, etc.
  Signée : *F. (Faustin).*
— La même pièce. Sans nom d'imprimeur ni d'éditeur.
  Tirage différent.
32. *A la couronne impériale : Charcuterie*, par de la Tremblais.
33. *Une partie de billard au Cercle impérial.*
  Sans signature, attribuée à *Vidal.*
34. *A bientôt le coup de balai*, par de la Tremblais.
35. *Grand Assaut soutenu par le matelot*, par Ed. Renaux.
36. *Le Nouveau Joseph*, etc., par Ed. Renaux.

37. *Le Sire de Fish-ton-Kan*, par Ed. Renaux.
38. *Bismarck, donn'moi l' pot*, chanson, par de la Tremblais.
39. *Guillaume à Joséphine*, chanson, par de la Tremblais.
40. *Grande Occupation du général Moltke*, par Ed. Renaux.
41. *Guillaume et Bismarck faisant le réveillon*, par de la Tremblais.
42. *La reine Augusta vient surprendre Guillaume*, par de la Tremblais.
43. *Cauchemar de Guillaume*, par de la Tremblais.
44. *La Séduction*, par P. Klenck.
45. *Badinguet ayant voulu séduire*, etc., par P. Klenck.
— La même pièce. Dépôt chez Madre
    État différent.
— La même.
    État différent. Sans n° d'ordre.
46. *Gavroche à Badinguet*, par Ed. Renaux.
47. *Pour la Saison du carnaval, Guillaume se déguise*, etc., par de la Tremblais.
48. *Le Dernier Carrosse*, par P. Klenck.
49. *Le Dégel*, par P. Klenck.
— La même pièce. Sans nom d'imprimeur ni d'éditeur.
    État différent.
50. *Les Boucheries*, par Morsabeau.
51. *J'ai assez fait de besogne pour toi, Guillaume*, par de la Tremblais.
52. *La Chasse aux Prussiens*, par Morsabeau.
53. *Essayez votre adresse*, par Morsabeau.
54. *Troppmann le disait bien*, etc., par Ed. Renaux.
55. *Suzanne blessée*, etc., par de la Tremblais.
56. *Le Baiser de Judas*, par de la Tremblais.
57. *Le Plan Trochu*.
    Signée : R. (Rosambeau).
58. *La Chute de Badingue*.
    Signée : E. R. (Rosambeau).
— La même pièce.
    État différent. ACTUALITÉS ne porte pas d'A.
59. *Souvenir du siège*, par E. Rosambeau.
60. *Le Don des Anglais*, par E. Rosambeau.
61. *Eh bien, mon brave général*, etc., par J. Michel.
62. *Qré mille terteiffe! n'ayez donc pas peur*, etc., par J. Michel.
63. *Allons, va à l'école, petit*, etc., par Untel.
64. *Le Départ*, par E. Rosambeau.
65. *Picard avocat : Tant qu'il me restera*, etc., par G. Bar.
66. *Eh bien, Vinoy, vous me ramenez*, etc., par de la Tremblais.
67. *Combien as-tu rallié de troupes, Paludines*, etc., par de la Tremblais.
— La même pièce.
    Pièce numérotée 57.
68. *Je crois entendre quelqu'un avec elle*, etc., par Lejeune.
69. *Effet du champagne*, par Lejeune.
70. *Excellence, notre destinée est entre vos mains*, etc., par G. Bar.
71. *Marche triomphale des ruraux sur Paris*, par G. Bar.
72. *Quelques membres de l'Assemblée nationale*, par Allard-Cambray.
— La même pièce.
    État différent.
73. *Donnez-moi le commandement de l'armée*, etc., par G. Bar.
— La même pièce.
    État différent.

74. *Châtiments-pilori*, par J. Corseaux.
— La même pièce.
   Différences dans la légende.
75. *Un vieux singe*, etc., par de la Tremblais.
76. *Ah! ç'ô, mauvais Foutriquet*, etc., par de la Tremblais.
77. *Nos Généraux de l'Empire*, etc., par de la Tremblais.
78. *Pour les frais de la route, s. v. p.*, par J. Corseaux.
79. *Citoyens, le carnaval est fini*, etc., par F. Fréville.
80. *Judas qui pleure et Judas qui rit*, par F. Fréville.
81. *Eh, eh, nous sommes le 15, petite dame*, etc., par F. Fréville.
82. *Gustave Flourens*, par G. Bar.
83. *Amour d'enfant, où voles-tu*, etc., par F. Fréville.
84. *Un Duel*, par J. Corseaux.
85. *La Peau de l'ours*, par J. Corseaux.
86. *Les Favoris de la mort*, par G. Bar.
87. *Si je fais feu, ce qui m'embête*, etc., par E. Rosambeau.

AFFILIATION DE BADINGUET. Chez Grognet; et dépôt chez Madre à partir du n° 7 :

1. *La Belle Marguerite*, par Morsabeau.
2. *La Branche d'olivier*, par Morsabeau.
3. *Titi Louis*, par de la Tremblais.
4. *Le Prince Napoléon*, par de la Tremblais.
5. *Pierre Bonaparte*, par de la Tremblais.
6. *La veuve Demidoff*, par de la Tremblais.
7. *Émile Ollivier*, par de la Tremblais.
8. *Haussmann*, par de la Tremblais.
9. *Fialin dit de Persigny*, par de la Tremblais.
10. *Rouher dit l'Auverpin*, par de la Tremblais.

LA BÊTISE HUMAINE. Chez Grognet; dépôt chez Madre sauf pour le n° 3 :

1. *Qui vive? Trochu*, etc., par Pilotell.
2. *Le Comte de Paris : Voici le poignard*, etc., par Pilotell.
3. *L'Exécutif ou le Barbe-Bleue de 1871*, par Rosambeau.
4. *Un habile Prestidigitateur*, par Rosambeau.

TYPES DU JOUR. En vente chez Grognet :

1. *La France et Paris.*
   Signée : G. B. (G. Bar).
2. *Comment, c'est toi, mon vieux Félix*, etc.
   Signée : G. B. (G. Bar).
3. *L'Hydre et la France.*
   Sans signature, attribuée à Corseaux.
4. *Rien ne l'arrêtera.*
   Sans signature, attribuée à Corseaux.
4. (sic). *L'Armée et la Commune.*
   Signée : C. (Corseaux).
5. *En avons-nous fait des bêtises*, etc., par Farolet.
   Il y a de cette caricature un autre état numéroté 15.
6. (sic). *En 24 heures*, par Farolet.
7. *C'est égal, la journée ne sera pas bonne*, etc.
   Sans signature, attribuée à Corseaux.

PENDANT LA GUERRE ET LA COMMUNE (1870-71). 87

8. *Badinguet.* — Allons, Louis, de la tenue, etc.
   Signée : G. B. (G. Bar).
9. *Arrière! Tyrans*, etc.
10. *Dire que sous la Commune*, etc.
    Signée : G. B. (G. Bar).
11. *Ah! maudite république*, etc., par Farolet.

GROSS (J.)

1870. In-4, sans nom d'imprimeur. Propriété de l'auteur.

GUÉRIN (Th.)

Profession de foi d'un vrai Démoc.-soc. Lithographie Desjardins, à Orléans.

Pièces signées : G.

Toujours y a ! Chanson-placard. Chez Madre ; imprimerie Ed. Blotzne.
   Parue sous l'Empire.

L'Hydre de Prusse. Chanson. Chez Madre ; imprimerie Rochette.
   Parue sous l'Empire.

Vinoy, Thiers, J. Favre

HADOL.

Nouvelle carte d'Europe dressée pour 1870. Imprimerie Vallée.
  Parue sous l'Empire.

L'Europe en 1871. Imprimerie Lemercier; au Bureau de l'Éclipse.

Paris sous la Commune, 1871. Atelier lithographique Chérier; imprimerie Tissier.

> Grand placard illustré, représentant les principaux événements de la Commune, les portraits de M. Thiers, du maréchal de Mac-Mahon, des membres de la Commune, des otages, etc.

Entrée triomphale des Prussiens à Paris. Gilbert, lithographe; E. Bulla, éditeur.

> Sans signature, attribuée à *Hadol*.
> Superbe pièce in-folio de toute rareté, surtout en noir.

Entrée triomphale des Prussiens à Berlin. Gilbert, lithographe; E. Bulla, éditeur.

> Formant pendant avec la pièce précédente.

Les Saltimbanques. Imprimerie Lemercier; E. Bulla.

> Sans signature, attribuée à *Hadol*.
> Superbe pièce in-folio de toute rareté, surtout en noir.

La Parade. Imprimerie Lemercier; E. Bulla, éditeur.

> Formant pendant avec la pièce précédente.

Testament de Napoléon III. Imprimerie Coulbœuf.

> Quatre pages de texte dans lequel sont intercalées de petites caricatures en noir. Ce pamphlet non signé, mais attribué à *Hadol*, était vendu dans une enveloppe avec ce titre : *Testament de Napoléon III trouvé dans le boudoir de Marguerite Bellanger*: prix 0 fr. 25.

LA MÉNAGERIE IMPÉRIALE. Imprimerie Coulbœuf :

1. *Napoléon III* (le vautour).
2. *Eugénie* (la grue).
3. *Le rejeton impérial* (le serin).
4. *Le prince Napoléon* (le lièvre).
5. *La princesse Mathilde* (la truie).
6. *Pierre Bonaparte* (le sanglier).
7. *Rouher* (le perroquet).
8. *Haussmann* (le castor).
9. *Émile Ollivier* (le serpent).
10. *Marguerite Bélenger* (la chatte).
11. *Devienne* (le maquereau).
12. *Schneider* (le lapin blanc).
13. *Persigny* (le singe).
14. *Pietri* (la mouche).
15. *Cassagnac* (le porc-épic).
16. *Jérôme David* (le dogue).
17. *Zangiacomi* (l'ibis).
18. *Fleury* (le cheval marin).
19. *Pinard* (le crapaud).
20. *De Failly* (le bichon).
21. *Bernier* (l'huître).
22. *Frossard* (l'âne).
23. *Conneau* (la sangsue).
24. *Maupas* (le dindon).
25. *Palikao* (le phoque).
26. *Nieuwerkerque* (le caniche).

27. Lebœuf (l'oie).
28. Chevreau (le bouc).
29. Musée des empaillés (le crocodile Magnan, le crabe Walewski, le caméléon Billault).
30. Musée des empaillés (le renard Morny, le tigre Saint-Arnaud, le condor Troplong, la chauve-souris Baroche).
31. Musée des empaillés (le boa Jérôme, le rat d'église Sibour, le hibou Mocquard, la pie Fould, le chambellan Néro).

Pièces signées: *H*.

Il y a eu six tirages de la « MÉNAGERIE IMPÉRIALE » : *1er imprimerie Coulbœuf; — 2e imprimerie Coulbœuf; — 3e lithographie Coulbœuf; — 4e déposé, tous droits réservés; — 5e déposé, tous droits réservés; chez Rossignol; — 6e déposé, tous droits réservés; aux bureaux des Annonces.*

Le tirage original porte en petites capitales : IMPRIMERIE COULBŒUF.

CARICATURES de *Hadol*, parues dans les journaux-charges, non tirées à part :

1° Dans le *Charivari* :

Le dernier Mot du pare-balles (n° du 29 décembre 1870).
Le Jugement de Thiers-Paris (n° du 4 avril 1871).
Deux Pages de sang, etc. (n° du 12 avril 1871).

LA MYTHOLOGIE POLITIQUE :

1. Sisyphe-Rouher (26 juin 1871).
2. Neptune (10 juillet 1871).
3. Mercure-Pouyer-Quertier (29 juillet 1871).
4. Amphion-Léon Say (11 août 1871).
5. Jupiter-Grévy (31 août 1871).
6. Pénélope-Trochu (9 octobre 1871).
7. Le général Faidherbe (24 novembre 1871).

2° Dans la *Chanson illustrée* :

La Marseillaise (n° 71).
Le Rhin allemand (n° 72).
Le Chant des Girondins (n° 73).
L'Hymne des Volontaires (n° 74).
Guerre aux Prussiens (n° 75).
La France envahie (n° 76).
Les Nouvelles de la guerre (n° 77).
La République (n° 78).

3° Dans l'*Esprit follet* :

Actualités, 9 croquis (n° du 6 août 1870).
Actualités, 10 croquis (n° du 20 août 1870).
Le Fusil à tabatière (n° du 3 septembre 1870).
Paris en ce moment, 15 croquis (n° du 10 septembre 1870).
Revue Parisienne, 25 croquis (n° du 22 juillet 1871).

1° Dans la *Revue Comique* :

4 croquis dans une page intitulée : la *Chaîne des Dames*, ont trait à la Commune. Ce sont : *la Clubiste,* *la Colonelle, Bataillon des Enfants perdus, la Pétroleuse* (n° du 29 octobre 1871).

HASTARD.

Adieu de Paris à Metz et à Strasbourg. Imprimerie Noizelle.

HAYARD.

Choucroûte garnie. Imprimerie Hillekamp.

HERLUISON.

Basse-Cour Impériale et Royale. En vente rue de Cléry, 61, au 2°.
Basse-Cour Impériale et Royale. Imprimerie Lemaine.
  État différent.

Les Dernières Ressources du roi de Prusse. Imprimerie Lemaine, 61, rue de Cléry.
Partit en guerre pour tuer les ennemis. Imprimerie Lemaine.
Union d'une tendre Vierge et de son pieux Vainqueur. En vente rue de Cléry, 61.
  Sans signature, attribuée à *Herluison.*

Union d'une tendre Vierge, etc. Imprimerie Lemaine.
  État différent.

La France ou la vie. En vente 61, rue de Cléry.
  Sans signature, attribuée à *Herluison.*

La France ou la vie. Imprimerie Lemaine.
  État différent.

L'Escamoteur. Imprimerie Lemaine.
  Sans signature, attribuée à *Herluison.*

Les Peuples sont égaux sous le pressoir. Imprimerie Lemaine.

    Sans signature, attribuée à *Herluison.*

HOLB.

Mauvaise Pièce. Chez Duclaux; dépôt chez Madre; imprimerie Déplanche.

Moi, je veux mon peuple. Chez Duclaux; dépôt chez Madre; imprimerie Deplanche.

Peine de Badinguet. Chez Duclaux; dépôt chez Madre; imprimerie Deplanche.

Le Nouvel Empereur d'Allemagne. Chez Duclaux; lithographie Lemaine.

Le Nouvel Empereur d'Allemagne. Chez Duclaux; lithographie Lemaine.

    Autre état; différences notables.

Dans quelque bagne vil, etc. Chez Duclaux; lithographie Lemaine.

Étrennes de Guillaume. Chez Duclaux; lithographie Lemaine.

    Sans signature, attribuée à *Holb.*

Étrennes de Bonaparte. Lithographie Lemaine.

    Sans signature, attribuée à *Holb.*

Le Prisonnier de Whilemshoë. Chez Duclaux; lithographie Lemaine.

Le Prisonnier de Whilemshoë.

    État différent, sans indication de: *Lithographie Lemaine.*

Halte-là!!! Chez Duclaux; dépôt chez Madre; imprimerie Coulbœuf.

Soleil levant. Chez Duclaux; dépôt chez Madre; imprimerie Coulbœuf.

C'est bien, mon Toutou, etc. Chez Duclaux; dépôt chez Madre; imprimerie Coulbœuf.

Guillaume et Bismarck remportant leur veste. En vente chez Duclos; dépôt chez Madre.

Guillaume et Bismarck remportant leur veste. Lithographie Lemaine.

    État différent.

Aux Deux Amis. En vente chez Duclaux; imprimerie Coulbœuf.
> Sans signature, attribuée à *Holb.*

Aux Deux Amis. Imprimerie Lemaine.
> État différent.

LE JEUNE LOUIS : *Dis donc, maman,* etc. Chez Duclaux; dépôt chez Madre; imprimerie Coulbœuf.
> Sans signature, attribuée à *Holb.*

HOUPILLART.

La Conversation de deux Barbares. Lithographie Mannoury; Houpillart, éditeur.

HOUSSOT (Louis).

Paris sera toujours Paris! Grand placard in-8. Vieillot, éditeur; imprimerie Chaumont.
L'Union républicaine. Chez Matt; Ed. Vert, imprimeur.
Les Barricades, notice historique. Chez Matt; Ed. Vert, éditeur.
Nos Députés, paraboles; 15 croquis. Chez Matt; Ed. Vert, imprimeur.
> Sans signature, attribuée à *Houssot.*

Testament de Badinguet. Chez Matt; Vert, imprimeur.
> Sans signature, attribuée à *Houssot.*

HUMBERT.

CARICATURES parues dans les journaux-charges :

1° Dans l'*Éclipse* :

CORRESPONDANCE PRUSSIENNE (n° 132 bis, 1ᵉʳ août 1870, quatrième page).
> Pièce non tirée à part.
> Numéro saisi.

CORRESPONDANCE PRUSSIENNE (n° 173, 4 septembre 1870, quatrième page).
> Pièce non tirée à part.
> *La Carte à payer.*

2° Dans le *Grelot :*

ACTUALITÉ. (24 septembre 1871.)
  Il existe un tirage à part.

BOUILLON EN GUERRE. (*Lanterne de Bouquillon*, octobre 1870.)
  Brochure de 16 pages, dessin de *Humbert.* Pièce très rare.

HUYOT.

Dignes l'un de l'autre. Sans nom d'imprimeur ni d'éditeur.

LE PERROQUET (Domesticité Jactance)

LE RETOUR DU VAINQUEUR.

Pièce signée **I**.

1870. *Cette guerre insensée*, etc. Wentzell, éditeur.

JAMES.

A la bonne foi! Guillaume Fritz et Cie, etc. Chez Deforet et César; imprimerie Talons.

De bien jolies bottes, ces Prussiens, etc. Chez Deforet et César; imprimerie Talons.

CARICATURES de James parues dans la Collection WENTZELL, page 169 :

3. *Toutes les palayeurs sont-ils*, etc.
4. *Effet de mitrailleuses.*
5. *Un effet de sécheresse.*
6. *Courses de 1870.*
7. *Et dire qu'il y a un tas de lascars*, etc.
8. *Et bien me voilà pien mise!!!*
9. *La Landwerr.*
10. *A propos*, etc.
13. *L'escadre prussienne commence les hostilités.*
14. *Ah! ça, Prussien de malheur!*

JANET-LANGE.

La France signant les préliminaires de la paix.
    Gravure tirée à part, extraite du journal *l'Illustration*.

JOB (Frédéric).

LES COMMUNEUX PEINTS PAR EUX-MÊMES. Texte par Jérémie, in-8, Imprimerie Lemercier :

1. *Allix.*
2. *Assi.*
3. *Courbet.*

Nouvelle Église socialiste. Texte par Jérémie, grand in-8. Imprimerie Lemercier.
Les Fantoches de l'Internationale. Imprimerie Lemercier.
    Sans signature, attribuée à Job.

JUVÉNAL. *Voir* FRONDAS (De).

KA-MILL.

Henry ou le Bélisaire de Frohsdorf. Lithographie Godoy, Toulouse.

KAPÉ. *Voir* KLENCK (Paul).

KAULBACH.

La Chasse sanglante. (*Éclipse*, n° 110, juin 1871.)
    Reproduction d'une caricature allemande.

KLENCK (Paul).

Le plan Trochu. Chez Deforest et César ; imprimerie Talons.
Badinguet gendarme. Chanson. Imprimerie Talons.
Restauration pontificale. Imprimerie Talons.

PENDANT LA GUERRE ET LA COMMUNE (1870-71).

Restauration pontificale.

    Autre état; différences dans la légende : trois vers au lieu de deux.

La Résurrection. Imprimerie Talons.

Versailles. Imprimerie Talons.

Le père Thiers. Chez Deforet et César; imprimerie Talons.

Le paladin Paladines. Imprimerie Talons.

Le nouveau Mangin. Chez Madre; imprimerie Talons.

Une Séance à la Chambre. Chez Deforet et César; imprimerie Talons.

Une Séance à la Chambre.

    État différent. Il y a 2 fois : Chez Deforet et César.

Une Soirée chez Mme Thiers. Imprimerie Talons.

La Famille Badingue. Sans nom d'éditeur ni d'imprimeur.

La Famille Badingue. En vente chez Lemaine.

    Autre état; différences notables.

Un peu de philosophie. Sans nom d'éditeur ni d'imprimeur.

Le Faussaire. Imprimerie Talons.

Les Filles prostituées : la Favre. Sans nom d'éditeur ni d'imprimeur.

Les Filles prostituées : la Favre.

    Autre état; très légères différences dans les ombres.

Un mauvais rêve du père Guillaume. Saillant éditeur; imprimerie Coulbœuf.

La Saint-Guillaume. Lemaine, rue de Cléry.

La Saint-Guillaume. Lemaine, rue de Cléry, 61.

    État différent.

La Dégringolade. In-8. Imprimerie Talons; chez Heymann.

Guillaume-Sire : j'ai encore un conseil, etc. Imprimerie Talons.

La Boue. Imprimerie Talons; dépôt chez Madre.

Le Maudit. In-8. Imprimerie Talons; dépôt chez Madre.

Monseigneur Darboy. Imprimerie Talons.

Les Deux Aveugles. Imprimerie Grognet.

La France trahie. Imprimerie Grognet.

Vous pouvez entrer, il dort. Imprimerie Grognet.

29ᵉ *Proclamation.* Chez Deforet; imprimerie Grognet.
Garibaldi approvisionne son armée. Chez Deforet; imprimerie Talons.
L'Ère impériale. Imprimerie Vazivoir.
Va dire à ta mère qu'a te mouche! Imprimerie Vazivoir.
Les Premiers Exploits de Bonaparte. Imprimerie Grognet.
Les Premiers Exploits de Bonaparte. Sans nom d'éditeur ni d'imprimeur.

    État différent.

Souscriptions républicaines. Sans nom d'éditeur ni d'imprimeur.
La Force lutte avec le Droit. Sans nom d'éditeur ni d'imprimeur.
Deux Fins Matois. Sans nom d'éditeur ni d'imprimeur.
Deux Batteurs d'estrade. Sans nom d'éditeur ni d'imprimeur.
Qui aime bien châtie bien. Imprimerie passage du Caire; en vente chez Chatelain.
Nos Sauveurs! Imprimerie Talons.
Deux pauvres sires. Imprimerie Lemaine.
Deux pauvres sires. Sans nom d'éditeur ni d'imprimeur.

    État différent.

Les Prussiens avant l'attaque. Saillant, éditeur; imprimerie Coulbœuf.
Les Prussiens avant l'attaque. Sans nom d'imprimeur ni d'éditeur.

    État différent.

Les Prussiens après l'attaque. Saillant, éditeur; imprimerie Coulbœuf.
Augusta monte à sa tour. Chez Madre; imprimerie Talons.
Le Mât de cocagne politique. Chez Deforet et César; imprimerie Talons.
Le Mât de cocagne politique. Sans nom d'imprimeur ni d'éditeur.

    Autre état; différences dans le texte.

Fantaisies. Imprimerie Talons.
Un saint homme. Sans nom d'éditeur ni d'imprimeur.
Pauv'Badingue. Imprimerie Lemaine.

Actualités : *Dernier Degré de l'échelle impériale.* Imprimerie Grognet; dépôt chez Madre.

Dernier Degré de l'échelle, etc. Sans nom d'imprimeur ni d'éditeur.

    État différent.

L'Homme à la perche (2). Sans nom d'imprimeur ni d'éditeur
Nouvelles de Versailles. Imprimerie Talons.

Actualité. — *Réorganisation de l'armée.* Imprimerie Talons.

Actualité. — *Le Retour des réfugiés.* Imprimerie Talons.

Actualité. — *Le Retour du vainqueur.* Imprimerie Talons.

Actualité. — *Qui donc oserait critiquer,* etc. Imprimerie Talons.

Actualité. — *Croireriez-vous t'y pas, mame Chatouillard,* etc. Sans nom d'imprimeur ni d'éditeur.

Actualité. — *Discours de rentrée.* Sans nom d'imprimeur ni d'éditeur.

Actualités par Paul Klenck. — *L'Armée de la Loire met les Prussiens en déroute.* Chez Madre; imprimerie Talons.

Actualités par Paul Klenck. — *Père et Fils.* Sans nom d'éditeur ni d'imprimeur.

Actualité. — *La Débâcle.* Imprimerie Talons.

Le Départ de la Commune et de ses communiants. Imprimerie Talons.

C'est pour l'enfant. Sans nom d'éditeur ni d'imprimeur.

Actualités. — *C'est-y pour l'enfant.* Imprimerie Grognet.

    État différent.

Actualités. — *Badinguet ayant voulu séduire la Belle Augusta,* etc. Imprimerie Grognet.

    Tirage différent du n° 45 de la collection des *Actualités Grognet.*

Actualités. — *Les Trois Larrons.* Sans nom d'imprimeur ni d'éditeur.

    Tirage différent du n° 22 de la collection des *Actualités Grognet.*

L'ami Chambord.

    Dessin inédit. (Musée Carnavalet.)

Ouverture des hostilités, août 1870.

    Aquarelle inédite. (Collection Tardent.)

La Montijo. Le Pas de l'infant.

    Dessin inédit. (Musée Carnavalet.)

Une Majesté constipée.

    Dessin inédit. (Musée Carnavalet.)

Unissons-nous, 5 septembre 1870.

    Aquarelle inédite. (Collection Othon.)

Les Palinodies d'un homme d'État.

    Sans signature, attribuée à P. Klenck et de Frondas.

Robert Macaire essayant la Défroque royale.

    Sans signature, attribuée à P. Klenck et de Frondas.

La Belle Adolphine.

    Sans signature, attribuée à P. Klenck et de Frondas.
    Ces trois dernières pièces n'ont pas été mises dans le commerce. (Voir DE FRONDAS.)

LA CALOTTE. Duclaux, éditeur ; dépôt chez Madre :

1. *Le Père éternel.*
2. *Saint Pierre (de Rome).*
3. *Notre Saint-Père le pape.*
4. *L'Archi-Monseigneur.*
5. *Nos Bons Moines* (sans nom d'imprimeur).
6. *Les Comparses* (sans nom d'imprimeur).
7. *Les Corbeaux de la doctrine chrétienne* (sans nom d'imprimeur).

LES VALETS DE L'EMPIRE. Imprimerie Talons :

1. *Le Sergent de ville.*
— *La même pièce.* Sans nom d'imprimeur.
    État différent.
2. *Le Mouchard des estaminets.*
3. *Le Mouchard des mœurs* (sans nom d'imprimeur).
4. *Le Mouchard bouquiniste* (sans nom d'imprimeur).
5. *Le Mouchard marchand de vin* (sans nom d'imprimeur).
6. *Le Mouchard marchand (dit camelot)* (Chouquet, imprimeur).
7. *Le Mouchard de la Sûreté* (Chouquet, imprimeur).
8. *Le Mouchard orateur.*
— *La même pièce.*
    État différent.
9. *Le Mouchard de la librairie.*

Le Mouchard des bals publics.
    Dessin inédit. (Musée Carnavalet.)

Le Mouchard huissier.
    Dessin inédit. (Musée Carnavalet.)

PROFILS POLITIQUES. In-12. Sans nom d'imprimeur :

1. *Le Petit Foutriquet, bouffon de Philippe II.*
2. *M. Philippe, patron du petit Foutriquet.*
3. *Monseigneur de Chambord.*
4. *Hure III.*
5. *Mademoiselle Félicie Dosne.*

Un Pétroleur. In-12. Imprimerie Talons.
Une Pétroleuse. In-12. Imprimerie Talons.
Un maraudeur, 1870. Siège de Paris. In-12. Sans nom d'imprimeur ni d'éditeur.

Tirée à quelques exemplaires seulement.

MUSÉE BURLESQUE. Sans nom d'imprimeur :

1. *Faust et Marguerite.*
2. *Les Absents ont tort.*
3. *Condamné... à attendre les milliards.*
4. *Un Concert à Reims.*

MUSÉE BURLESQUE. Imprimerie Talons.

Autre état des 4 pièces précédentes.

LES BÉNISSEURS. Sans nom d'imprimeur ni d'éditeur :

1. *Le Sacrement de l'extrême-onction.* | 2. *Le Sacrement de pénitence.*

LE VERSAILLOSCOPE. Sans nom d'imprimeur :

1. *L'Abbé Bandassit*, etc.

Sans signature, attribuée à P. Klenck.

LE CALOTINOSCOPE :

1. *A Oudinot, une leçon sur l'histoire sainte.* Dessin inédit. (Musée Carnavalet.)
2. *Ce que nous vîmes le 19 mai 1871.* Dessin inédit érotique. (Musée Carnavalet.)

Signée : Un athée (P. Klenck).

PANORAMA COMIQUE. Chez Deforet ; imprimerie Grognet :

1. (Sans légende.)
2. (Sans légende.)
3. *En revenant de Bougival en France.*
4. *Le Général Choucroutmannstocfisch.*

LES CRIMES CÉLÈBRES. Imprimerie Lemaine :

1. *M. Bismark-mal.*
2. *Guillaume-le-liche-sans-soif.*

GALERIE POLITIQUE. Imprimerie Vazivoir; chez tous les libraires :

1. *Lui ?*

PANORAMA ANTI-BONAPARTISTE. Saillant, éditeur; imprimerie Coulbœuf :

1. *Napoléon III ou la fleuriste bâtonnée.*
— La même pièce. Réimpression : différences dans le texte.

LA COMMUNE. 74 charges des membres de la Commune, plus le titre. Imprimerie Talons :

Titre (1871).
— Le même, état différent portant : *pétrole.*
1. *Félix Pyat.*
2. *Delescluze.*
3. *Flourens.*
4. *Ranc.*
5. *Assi.*
6. *Arthur Arnould.*
7. *Vermorel.*
8. *Jules Vallès.*
9. *Paschal Grousset.*
10. *Cournet.*
11. *L'Homme à la vieille.*
12. *Millière.*
13. *Razoua.*
14. *Dupont.*
15. *Dombrowski.*
16. *Courbet.*
17. *Protot.*
18. *Miot.*
19. *Ferré.*
20. *Beaury.*
21 (*). *Cluseret.*
22. *Châlain.*
23. *Johannard.*
24. *Dereure.*
25. *La Cecilia.*
26. *Grandier.*
27. *Gaillard père.*
28. *Pindy.*
29. *Ulysse Parent.*
30. *Mégy.*
31. *Lefrançais.*
32. *Pilotell.*
33. *Jolly.*
34. *Gambon.*
35. *Vésinier.*
36. *Grenier.*
37. *Chardon.*
37 (**). *Cantagrel.*
38. *Tony-Morlin.*
39. *Vermesch.*
40. *Fontaine.*
41. *Wroblewski.*
42. *Dacosta.*
43. *Raoul Rigault.*
44. *Bergeret.*
45. *Verdure.*
46. *Brunereau.*
47. *Cavalier, dit Pipe en Bois.*
48. *Frankel.*
49. *Alix.*
50. *Ostyn.*
51. *Gromier.*

(*) Il existe du n° 21 des réimpressions avec la *tête tournée à droite*.

(**) Le n° 37 (Cantagrel) avait été saisi parce qu'il portait le mot *province*; il est rare de le trouver sans que le titre « la Commune » n'ait été coupé.

LES CRIMES DE L'EXÉCUTIF N° 1

À QUI LE TOUR ?...

LES CRIMES DE L'EXÉCUTIF

ENCORE UN !...

PENDANT LA GUERRE ET LA COMMUNE (1870-71).

52. *Jourde.*
53. *Général Henry.*
54. *Greffier.*
55. *Decamps.*
56. *Urbain.*
57. *Pothier.*
58. *Champy.*
59. *Marolleau.*
60. *Ferrat.*
61. *Billioray.*
62. *Victor Clément.*
63. *Trinquet.*
64. *Rastoul.*
65. *Regère.*
66. *Amouroux.*
67. *Rossel.*
68. *Lullier.*
69. *Beslay.*
70. *Humbert.*
71. *Sicard.*
72. *Rochefort.*
73. *Benjamin Gastineau.*
74. *Ranvier.*

LA COMMUNE. Sans nom d'imprimeur.

Tirage différent des 74 pièces ci-dessus.

ACTUALITÉS GROGNET. — Voir les numéros ci-dessous, page 84 :

13. *Dernières Nouvelles*, etc.
14. *Allons-y, ma vieille, un petit coup de chahut*, etc.
18. *Pour les dégommés, s'il vous plaît.*
19. *La Mort et Badinguet*, dialogue.
21. *Corbleu, Madame, que faites-vous ici?* etc.
22. *Les Trois Larrons.*
24. *Le Nouveau don Quichotte.*
25. *A cette séance on verra les exploits*, etc.
44. *La Séduction.*
45. *Badinguet ayant voulu séduire la belle Augusta est condamné à retourner à Paris*, etc.
48. *Le Dernier Carrosse (non volé).*
49. *Le Dégel.*

Pièces de Paul Klenck signées FILOZEL :

LES CRIMES DE L'EXÉCUTIF. Imprimerie Vazivoir; en vente partout, autorisé nulle part :

1. *A qui le tour?*
2. *Encore un!*

Pièce de Paul Klenck signée KAPÉ :

Le Bouledogue allemand. — *L'Ane de Sedan.* Imprimerie Talons.

Pièces de Paul Klenck signées PÉKA :

L'ÉDUCATION D'UN PRINCE, par Mme de P. Sans nom d'imprimeur ni d'éditeur.

L'Éducation d'un Prince, etc.

> État différent; différence des caractères de la légende et différences dans le dessin.

L'Éducation d'un Prince, etc.

> Autre état, avec différences dans la légende, et, de plus, la figure est découverte.

UNE SOIRÉE AUX TUILERIES. — *On attend ces messieurs*. Sans nom d'imprimeur ni d'éditeur.

UNE SOIRÉE AUX TUILERIES, etc.

> Autre état : différences notables : le premier tirage porte un chien qui n'existe pas dans celui-ci.

Pièces de Paul Klenck signées TAPDUR :

L'ATTRATYPOSCOPE. In-12. Imprimerie Vazyvoir :

1. *La Réaction.*
2. *Un Député de la droite en villégiature.*
3. *X, affilié aux Versaillais.*
4. *Un Soutien de l'Empire.*
5. *Réformée.*
   Aquarelle inédite. (Musée Carnavalet.)
6. *Monsieur le curé.*
   Dessin inédit. (Musée Carnavalet.)
7. *Roi dans son village.*
   Aquarelle inédite. (Musée Carnavalet.)
8. *Nos Étrennes.*
   Dessin inédit. (Musée Carnavalet.)

KRETZ.

Nez de MM. les propriétaires. Madre, éditeur; lithographie Barousse.

Pauvre Propriétaire. Madre, éditeur; lithographie Barousse.

> Sans signature, attribuée à *Kretz*.

Au Château de Versailles. Madre, éditeur; lithographie Barousse.

> Sans signature, attribuée à *Kretz*.

La Mort qui va fauchant, etc. Lithographie Jamin.

> Superbe pièce de toute rareté.

PENDANT LA GUERRE ET LA COMMUNE (1870-1871).

A propos de Landwehr.

Caricature de *Kretz* parue dans le *Polichinelle*, n° 8 (8 août 1870), non tirée à part.

LADREYT.

Les Immondices. Chez Saillant; imprimerie Noizette.

Les Prétendants ou la Couronne aux enchères. A-propos mêlé de couplets. Imprimerie Vallée.

La Marche du bœuf gras, ou la Promenade du roi Guillaume dans Paris. Chanson. Imprimerie Vallée.

CARICATURES de LADREYT, parues dans les journaux-charges, non tirées à part :

1° Dans la *Chronique illustrée :*

Cris de Paris pendant le siège de 1870, 3 croquis (n° du 18-24 décembre 1870).
Revue de 1870 (n° du 1-7 janvier 1871).
Cinq croquis (n° du 8-15 janvier 1871).
Croquis du siège, 2 croquis (n° du 4-11 février 1871).
Les Marchands de journaux, 2 croquis (même numéro).
L'Assiette de l'impôt (numéro du 5-12 novembre 1871).
La Danse macabre de 1870-71 (n° du 20-27 janvier 1872).

2° Dans *Rigoletto :*

2 Numéros. Titre et dessins par LADREYT.

3° Dans le *Gugusse :*

Une,..., deuss...... troiss...... ! et houp là... (n° 5, 23 juillet 1870).

LAFOSSE (G.)

MUSÉE DU *Charivari.* — *Jeu de lois.* Imprimerie Voisvenel.
EN-TÊTE du journal la *Carmagnole* (du 10 février au 2 avril 1871).
CARICATURES de LAFOSSE, parues dans les journaux-charges, non tirées à part :

1° Dans la *Chronique illustrée :*

Le Départ des Prussiens, 12 croquis (n° du 21 octobre 1871).

2° Dans l'*Esprit follet :*

Français et Prussiens, 12 croquis (n° du 6 août 1870).
Aux Fortifications, 6 croquis (n° du 27 août 1870).
Choses du moment, 6 croquis (n° du 3 septembre 1870).

3° Dans le *Journal amusant :*

Paris guerrier, 6 croquis (n° du 20 août 1870).
Croquis d'un reporter de Paris, 13 croquis (n° du 3 septembre 1870).
Histoire rétrospective du siège, 16 croquis (n° du 1er avril 1871).
Feuillets d'un artiste enfermé pendant le siège des Prussiens, 13 croquis (n° du 17 juin 1871).

Autour et alentour de Paris, 12 croquis (n° du 22 juillet 1871).
Histoire rétrospective du siège (suite), 13 croquis (n° du 19 août 1871).
L'Évacuation, 8 croquis (n° du 7 octobre 1871).

LAURENS (Jean-Paul).

La France terrassant la Commune. Photographie d'un tableau. In-fol. Billard, photographe; Bulla, éditeur.
L'Épée de Dieu (*la Prusse*). In-fol. Burry, lithographe; imprimerie Lemercier; Bulla, éditeur.
L'Épée de Dieu (*la Commune*). In-fol. Burry, lithographe; imprimerie Lemercier; Bulla, éditeur.
L'Église en deuil. In-fol. Gilbert, lithographe; imprimerie Lemercier; Bulla, éditeur.

Pièces de Jean-Paul Laurens signées LORENTZ :

Épouse, *1870*. In-fol. Bulla, éditeur; Pinconi, lithographe.
Mère, *1871*. In-fol. Bulla, éditeur; Pinconi, lithographe.
LE PÈRE LA FRANCE. — *Révolution, progrès, instruction*, etc. In-8. Bulla, éditeur.
LE PÈRE LA FRANCE. — *Voilà comment tes petits-enfants ont arrangé la colonne.* In-8. Bulla, éditeur.
Le Désarmement (*Monde pour rire*, numéro du 15 octobre 1871).

Non tirée à part.

LAVRATE.

As pas peur, sire, j'vous avons soutenu, etc.
Badinguet se rendant lâchement à Sedan.
Vous pouvez revenir, j'nons point changé.
Vlà un vrai Prussien.
Ous qu'y sont ces fédéraux que j'leur y fassions, etc.
Garçon, vous me servirez un maquereau au beurre.
Le passé et le présent. Que sera l'avenir ?

Boulogne, 6 août 1840 : effet de lard.

Je n'ai rencontré ces superbes pièces en couleur que dans la collection d'un amateur, M. Loys Brueyre. Les légendes sont manuscrites.

Elles appartiennent actuellement à M. Wurtz.

LEJEUNE.

ACTUALITÉS GROGNET. — Voir les numéros ci-dessous, page 85 :

68. *Je crois entendre quelqu'un*, etc. | 69. *Effet de champagne.*

LEMOT.

Le Rhin allemand. In-8. Imprimerie Alcan-Lévy.

Parue sous l'Empire.

CARICATURES de LEMOT, parues dans les journaux-charges, non tirées à part :

1° Dans le *Monde pour rire* :

Fantaisie du jour (n° du 17 juillet 1870).

Zouzou et Prussien (n° du 24 juillet 1870).

Prussiana, 12 croquis (même n°).

Le roi Gambrinus en 1870 (n° du 31 juillet 1870).

Le garde-mobile Lemot (n° du 8 août 1870).

La Revanche (n° du 16 août 1870).

Actualité (n° du 23 août 1870).

Résurrection (n° du 3 septembre 1871).

Après évacuation (n° du 1er octobre 1871).

2° Dans *Ho ! hé ! l'Prussien* :

ACTUALITÉ. — *Quoi, c'est ça des Prussiens*, etc.

3° Dans le *Journal amusant* :

SOUVENIRS SANS REGRETS ! — *Trois mois en Prusse.*

87 croquis (n°s des 4, 11 et 25 novembre, 2 décembre 1871, 27 janvier, 10 et 24 février 1872).

4° Dans l'*Éclipse* :

Un sujet de pendule (n° du 17 septembre 1871).

LE PETIT (Alfred).

Partant pour la Syrie. Se vend chez Deplanche.
Rézeau, inventeur de la casserole Badinguet. Sans nom d'imprimeur ni d'éditeur.
Le Décrotteur du roi Guillaume. Se vend chez Madre.

État différent du n° 1 de l'*Album de la Charge.*

La Confession de Badinguet. Se vend chez Duclaux et chez Madre.

État différent du n° 2 de l'*Album de la Charge.*

Le plus lourd l'emporte. Se vend chez Duclaux; dépôt chez Madre.

État différent du n° 3 de l'*Album de la Charge.*

Calendrier pour 1871. Au bureau de l'*Éclipse.*

État différent du n° 12 de l'*Album de la Charge.*

ALBUM DE LA CHARGE. Se vend au bureau de l'*Éclipse.*

Sous ce titre ont été réunis en album les suppléments du journal *la Charge.*

Titre.
1. Le Décrotteur du roi Guillaume.
2. La Confession de Badinguet.
3. Le plus lourd l'emporte.
4. La Rose impériale.
5. L'Homme d'affaire de S. Majesté.
6. Le Pif impérial.
7. L'Aigle impériale.
8. L'auguste Guillaume et son auguste Augusta.
9. Le Poupon à la mère Guillaume.
10. Le 4 septembre 1870.
11. Actualité.
12. Calendrier pour 1871.
13. Le Siège de Paris (indiqué impropr. n° 1).
14. La République en danger.
15. Le Porc des Tuileries (indiqué impropr. n° 14).
15. Grandeur et décadence.
16. Grandeur et décadence. Autre état.
17. Promettre et tenir font deux.

Il y a eu de nombreux tirages de chacune de ces caricatures. Ces tirages sont d'ailleurs parfaitement reconnaissables à des différences notables tant dans le texte que dans le dessin. Quelques pièces ont même été tirées à part sur papier de différentes couleurs.

Les Hommes de la Commune. Texte par L. Ducrocq. En vente chez Duclaux ; typographie Rouge frères :

1. *Delescluze.*
2. *Raoul Rigault.*
3. *Vermorel.*
4. *Jules Vallès.*
5. *Flourens.*
6. *Grousset.*
7. *Rochefort.*
8. *Assi.*
9. *Ferré.*
10. *Courbet.*
11. *Verdure.*
12. *Decamps.*
13. *Lullier.*
14. *Urbain.*
15. *Trinquet.*
16. *Féral.*

Les Hommes de la Commune.
Tirage en noir et sans texte des 16 pièces précédentes.

Fleurs, fruits et légumes du jour. Au bureau de l'*Éclipse* ; imprimerie Coulbœuf :

Légendes de *H. Briollet.*

1. *L'Œillet* (le général Trochu), 11 janvier 1871.
2. *Le Soleil* (Gambetta), 12 janvier 1871.
3. *Le Perce-Neige* (le général Chanzy), 15 janvier 1871.
4. *Le Cactus épineux* (Delescluze), 16 janvier 1871.
5. *La Pomme de terre* (Dorian), 20 janvier 1871.
6. *L'Hortensia* (Ed. About), 19 janvier 1871.
7. *Le Rosier des batailles* (Faidherbe), 20 janvier 1871.
8. *Le Pois de senteur* (Jules Simon), 21 janvier 1871.
9. *Le Radis* (Félix Pyat), 2 février 1871.
10. *Le Narcisse* (Jules Ferry), 27 janvier 1871.
11. *Fleur desséchée* (Littré), 1er février 1871.
12. *Le Pêcher* (Steenackers), 30 janvier 1871.
13. *Pensées* (Louis Blanc), 4 février 1871).
14. *Le Myosotis* (Clément Thomas), 5 février 1871.
15. *Le Raisin* (Henri Rochefort), 9 février 1871.
16. *L'Immortelle* (Jules Favre), 10 février 1871.
17. *La Poire* (M. Thiers), 14 février 1871.
18. *Le Haricot rouge* (Schœlcher), 16 février 1871.
19. *Le Laurier* (Garibaldi), 15 février 1871.
20. *Le Buis* (M. Dupanloup), 21 février 1871.
21. *Plante grasse* (Crémieux), 25 février 1871.
22. *La Pomme* (Pouyer-Quertier), 28 février 1871.
23. *Le Lierre* (Dufaure), 4 mars 1871
24. *Campanule* (Grévy), 26 juin 1871.
25. *Le Melon* (Louis Veuillot), 10 mars 1871.
26. *Les Cerises* (Emmanuel et Étienne Arago), 11 mars 1871.
27. *La Violette* (Edgar Quinet), 9 mars 1871.

28. *La Citrouille* (Ernest Picard), 14 mars 1871.
29. *Le Chardon* (Tirard), 30 mars 1871.
30. *L'Églantine* (Victor Hugo), 22 mars 1871.
31. *Laitues* (M. Joigneaux), 18 mars 1871.

Caricatures d'Alfred Le Petit, parues dans le journal *la Charge*, non tirées à part :

Bismark et le général Prim (n° 14, 16 juillet 1870).
Numéro saisi.
Malbrough s'en va-t-en guerre (n° 15, 23 juillet 1870).
Actualité. — *Le Roi de Prusse*, etc. (n° 16, 30 juillet 1870).
Actualité. — *Au vieu z-h-éro prussien* (n° 17, 6 août 1870).
La France (n° 18, 13 août 1870).
La Maîtresse d'école (n° 19, 20 août 1870).
L'Ane de Buridan (n° 20, 28 août 1870).
Binettes de Prussiens (n° 21, 3 septembre 1870).
Le Four du roi de Prusse (n° 22, 10 septembre 1870).
La Résurrection (n° 23, 17 septembre 1870).
Grandeur et décadence (n° 24, 24 septembre 1870).

Quoique le journal *la Charge* ait commencé à paraître le 13 janvier 1870, il nous a semblé intéressant de donner le détail entier de cette collection devenue rare.

La Charge, journal (du 13 janvier au 24 septembre 1870) :

1. *Victor Noir.*
   Imprimé sur papier jaune foncé.
2. *Gustave Flourens.*
   Imprimé sur papier jaune foncé.
3. *Henri Rochefort.*
   Papier jaune clair.
4. *Le Cas de M. Vermorel.*
   Papier jaune foncé.
5. *M. Joseph Prudhomme.*
   Papier jaune foncé.
6. *Société des 2900 gourdins réunis.*
   Papier jaune foncé.
7. *Tous malades.*
   Papier blanc.
8. *Funérailles de Mardi-gras.*
   Papier jaune.
9. *Une Monnaie courante.*
   Papier jaune d'or.
10. *Victorien Sardou.*
    Papier jaune.
11. *Le citoyen Gambon.*
    Papier jaune d'or.
12. *La Chasse aux Moines.*
    Papier jaune.
13. *Jules Vallés dans la rue.*
    Papier jaune.
Supplément. *Les Défenseurs de Noir.*
   Papier jaune.

PENDANT LA GUERRE ET LA COMMUNE (1870-71).

2ᵉ série (papier blanc) :

1. *Une éclosion phénoménale.*
2. *L'Œil du maître.*
3. *Têtes à perruques.*
4. *Une Charge.*
5. *Zut.*
6. *Actualité. — De profundis.*
7. *Le citoyen Henri Dangerville.*
8. *L'Ange gardien des journalistes.*
9. *Après le Plébiscite : Binettes d'électeurs.*
10. *Martin.*
11. *Célébrités du Salon de 1870.*
12. *Francisque Sarcey.*
13. *Les Princes d'Orléans.*
    Numéro saisi.
13 bis. *Sage-femme de 1ʳᵉ classe.*
14. *Bismark et le général Prim.*
    Numéro saisi.
14 bis. *Les Victimes de l'amour.*
15. *Malbroug s'en va-t-en guerre.*
16. *Actualité.*
17. *Actualité.*
18. *La France.*
19. *La Maîtresse d'école.*
20. *L'Ane de Buridan.*
21. *Binettes de Prussiens.*
22. *Le Four du roi de Prusse.*
23. *La Résurrection.*
24. *Grandeur et décadence.*

SUPPLÉMENTS DE LA CHARGE. *Voir :* ALBUM DE LA CHARGE.

Pièces d'Alfred Le Petit signées Zut :

La V... espagnole. Chez Duclaux et chez Madre; typographie Rouge.

Nombreux tirages différents et sur papier de diverses couleurs.

La Vénus espagnole et le prince de Joinville. Chez Duclaux et chez Madre; typographie Rouge.

Le Bœuf (n° 3). Chez Duclaux et chez Madre; typographie Rouge.

LÉVY (Alphonse).

Aux armes!!! Saillant, éditeur; lithographie Coulbœuf.

Parue sous l'Empire.

Aux armes!!! Saillant, éditeur; lithographie Coulbœuf.

État sans la légende.

C'est pour la patrie! Saillant, éditeur; lithographie Coulbœuf.
C'est pour la patrie! Saillant, éditeur; lithographie Coulbœuf.

État sans la légende.

ACTUALITÉ. — *Viens! mon petit, viens!* Saillant, éditeur; imprimerie Coulbœuf.

Parue sous l'Empire.

Liberté, Égalité, Fraternité, lisez! Saillant, éditeur; imprimerie Coulbœuf.

UN COMMUNEUX. — *Il espérait pourtant!!* Saillant, éditeur; lithographie Barousse.

L'Esprit des bêtes (Chronique illustrée, n° 19, 10-16 septembre 1871).

Non tirée à part.

Pièce d'Alphonse Lévy signée Coco :

Le Maître. Saillant, éditeur; lithographie Barousse.

Pièces d'Alphonse Lévy signées Saïd :

ACTUALITÉS. Chez Deforet et César; imprimerie Talons :

1. *Un Pauvre.*
2. *Quelle vente!*
3. *Tape dur!* etc.

ACTUALITÉ. — *C'est vrai que la grande ville de Paris,* etc. Duclaux, éditeur; dépôt chez Madre; lithographie Barousse.

ACTUALITÉ. — *Si nous causions un brin!!* Saillant, éditeur; imprimerie Coulbœuf.

Versailles-Paris. Duclaux, éditeur; dépôt chez Madre.

Celui qui possède, Celui qui n'a rien. Madre, éditeur; imprimerie Barousse.

HOMMES POLITIQUES. Saillant, éditeur; imprimerie Barousse :

N° 1. (Seul paru). — *Le Dessert de M. Thiers.*

Les 2 font la paire. Saillant, éditeur; imprimerie Barousse.

Les deux font la paire. In-8. Saillant, éditeur; lithographie Coulbœuf.

L'Homme Sedan. Saillant, éditeur; imprimerie Coulbœuf.

L'Aigle déplumé. Imprimerie Coulbœuf.
L'Ogre de Prusse. Saillant, éditeur; lithographie Coulbœuf.
C'est un peu haut. Saillant, éditeur; lithographie Coulbœuf.
Au jour le jour. Chez Deforet et César :

1. *C'est moi que je suis le roi!...*
2. *(Sans légende).*
3. *La Demande.*
4. *La Réponse.*
5. *On ne paye plus son loyer.*

Au jour le jour. Imprimerie Talons.

> Tirage différent des cinq pièces précédentes.

Pièces d'Alphonse Lévy signées **J. L.** :

Actualité. — *Puisqu'il faut saluer, saluons.* Saillant, éditeur; lithographie Barousse.
Les Angoisses de Félix Pyat. Saillant, éditeur; lithographie Barousse.
Les Communeux. — *Trahis, toujours trahis...* Saillant, éditeur; lithographie Barousse.

LEWIS.

Voici le sabre! Sans nom d'éditeur ni d'imprimeur.

> La légende n'existe que dans le croquis original.

Voici le sabre!

> État différent sur papier fort; très légères différences dans les ombres.

Actualités. — *Le torchon brûle.* Chez Cavalier; imprimerie Talons.
La Légende de la foire du Trône. Sans nom d'imprimeur ni d'éditeur.
Les Femmes de la Commune. Imprimerie Talons; en vente chez Cavalié :

1. Mme *Millière.*

> Seul numéro paru.

Première lettre de Popinot à Popinotte. In-8. Imprimerie Grognet.
Deuxième lettre de Popinot à Popinotte. In-8. Imprimerie Grognet.

Réponse de Popinotte à Popinot. In-8. Imprimerie Grognet.
Le Maître d'école à Popinot. In-8. Imprimerie Grognet.

LONGIN.

Le Sire de Fisch-ton-Kan. Chanson de 4 pages in-8; paroles de P. Burani, musique d'Antonin Louis. Imprimerie Bertauts.
Le Sire de Fisch-ton-Kan. 4 pages in-12.

Tirage différent.

Les Misérables ou la bande à Vidocq. Bouffonnerie de 4 pages; paroles de Burani, musique de F. Chassaigne. Imprimerie Arouy.

LORENTZ. *Voir* **LAURENS (Jean-Paul).**

Caricature de Vhf.

Pièce signée : **M**.

La Liberté, patronne des Français; 4 septembre 1870. Herbet, éditeur; Sarrazin, imprimeur.

Imprimée en sanguine.

Pièce signée : **H. M**.

Le Grand Déménagement des Prussiens. Placard. Chez Matt; imprimerie Ed. Vert.

MABOUL.

ACTUALITÉ. — *Comment s'y prennent les communeux de Paris.* Autographie J.-A. Tissier.

MAILLY (H.)

Le Pilori. Album de 31 caricatures plus le titre. Chez Strauss ; imprimerie Mailly :

Dans un carton.

Titre : la Justice.
1. A toi Cain, l'étrenne du Pilori.
2. Émile Ollivier.
3. Schneider.
4. Rouher.
5. Haussmann.
6. Granier de Cassagnac.
7. Le Monstre Bismark.
8. Guillaume le Poivreau.
9. Madame Badingue.
10. Mathilde.
11. Pierre Bonaparte.
12. Devienne.
13. Pinard.
14. Louis Veuillot.
15. Polyte Cartier dit de Villemessant.
16. Émile de Girardin.
17. Lebœuf.
18. Bazaine.
19. De Failly.
20. La mère Frossard.
21. Fleury.
22. Jérôme Napoléon dit Plonplon.
23. De Moltke.
24. Vandal.
25. Jules Favre.
26. Thiers Ier.
27. Trochu.
28. Picard.
29. Jules Ferry.
30. Vinoy.
31. Mac-Mahon.

Cette collection est très rare ; les seize premiers numéros seulement ont paru en *noir*.

A travers le Rhin. Strauss, éditeur ; imprimerie Fraillery :

1. (N'a pas paru.)
2. Un peu de courage, papa Guillaume.
3. Les Petites Agaceries.
4. Tu as les jambes trop courtes, mon bonhomme.
5. Viens donc un peu par ici chercher mon jambon.

Collection parue sous l'Empire ; elle est de toute rareté.

MARCIA. Voir RENAUX.

MARCILLY (G. de).

Agonie de la Commune. 16 numéros plus le titre. Chez Deforet et César ; imprimerie Talons :

Titre.
1. Allez, mon brave, je vous suis.
2. Allons, mon vieux, il faut reporter tout ça, etc.

3. *Avril 1871. Sortie pacifique sur Versailles.*
4. *Nourris par la Patrie!...*
5. *Nous avons pris plus de 50 canons, etc.*
6. *J'ai pensé à toi pour me remplacer, etc.*
7. *Ah! mon Dieu, en vlà un, etc.*
8. *Nous vlà dans la moutarde.*
9. *Avril 1871. Retour de Versailles.*
10. *Eh bien, tas de faignans, etc.*
11. *Ces Aristos, i-disent, etc.*
12. *Eh bien, l'a-t-on pincé, etc.*
13. *Ah! fouchtra, bon voyage, canailles!*
14. *Ah! ma chère, ils m'ont envoyé, etc.*
15. *Ah! tu m'as mis dehors, etc.*
16. *Tenez bon, je vais chercher du renfort.*

MARIE (Adrien).

Une Pétroleuse. Goupil et Cie, éditeurs; imprimerie Lemercier.
Une Mère. Goupil et Cie, éditeurs; imprimerie Lemercier.
Un Pétroleur. Sans nom d'éditeur ni d'imprimeur.

Sans légende, signée : *A. M.*

J. M. (JULES MARIE).

Une Allocution paternelle. Lithographie Lavau, à Bordeaux.
A propos de congé. Lithographie Lavau, à Bordeaux.
ÉCOLE PRÉPARATOIRE : *Au plus sage!* Lithographie Lavau, à Bordeaux.
FANTASIA. Lithographie Lavau, à Bordeaux.

Six numéros.

MARTAIN et REY, éditeurs à Marseille.

Bismarck utilise les petits talents de l'escamoteur Badinguet.
Mille tarteiffe, le voilà pris.
Moyen proposé au roi de Prusse...
Badinguet est conduit en voiture découverte.
Proposition du roi de Prusse à la République française.
Menu du déjeuner du roi de Prusse.
Apothéose, ou La fin couronne l'œuvre.
Les Deux Troppmann.
Le Peuple vengeur.

Ces neuf pièces sont sans signature.

MARTIAL.

Très belle eau-forte, représentant la VILLE DE PARIS entre le Prussien et la Commune.

> L'autorisation de cette magnifique pièce a été refusée par M. Thiers. La planche est au musée Carnavalet.

LES PRUSSIENS CHEZ NOUS. *Eaux-fortes et distiques.* Paris, Cadart, 1871.

> 12 planches in-fol.

LES FEMMES DE PARIS PENDANT LE SIÈGE, *1871. Notes et eaux-fortes.* Paris, Cadart, s. d.

> 12 planches in-fol.

LES MARINS DE LA DÉFENSE DE PARIS, *1871.* Cadart, s. d.

> 16 planches in-fol.

PENDANT LE SIÈGE. *Notes et eaux-fortes.* Paris, Cadart.

> 12 planches in-fol.

PARIS INCENDIÉ, *1871.* Paris, Cadart et Luce.

> 12 eaux-fortes.

PARIS SOUS LA COMMUNE. *Notes et eaux-fortes.* Paris, Cadart et Luce.

> 12 planches in-fol.

MATHIS (F.)

UNE PAGE D'HISTOIRE. — *Le Couronnement de l'édifice.* In-8. Mordret, éditeur.

UNE PAGE D'HISTOIRE, etc.

> Tirage différent, portant : Dépôt rue du Croissant, 6.

Paris la nuit. J. Loewenstein et Cie, Elberfeld.

> Parue dans un journal prussien et non tirée à part.

COLLECTION A. MORDRET. A. Mordret, imprimeur et éditeur. — Voir les numéros ci-dessous, page 131.

1. *Promettre et tenir.*
2. *La Vérité.*
3. *A chacun selon ses œuvres.*
4. *La Dernière Etape.*
5. *Une séance en partie double.*
6. *Musée des souverains.*
8. *Vieilles Guenilles.*
10. *Paris pacifié, 1871.*

COLLECTION A. MORDRET *oblongue*. Imprimerie A. Mordret. — Voir les numéros ci-dessous, page 131 :

1. *La Nouvelle Cène.*
1. *La Nouvelle Cène.*
   Tirage différent portant : Dépôt, 6, rue du Croissant.

2. *Le Baiser de Judas.*
2. *Le Baiser de Judas.*
   Tirage différent portant : Dépôt, 6, rue du Croissant.

Pièce de F. Mathis signée Ou ! ! !

Les 43 de Paris. In-4. Association Smith et Cie.

MEYER (H.)

Faisons brûler du sucre sur tout ça. Chanson de 4 pages. Imprimerie Arouy.
Les Chevaliers de la cuvette, légende impériale. Chanson de 4 pages. Imprimerie Mansard et Villin.
Napoléon III patine. Chanson de 4 pages. Aymard, éditeur.
Le Nouveau Malbrough. Chanson de 4 pages. Lithographie Walter ; chez Ouvier et Bathlot.
Français, vous avez tort. Chanson de 4 pages. Lithographie Caillot ; F. Menne, éditeur.

MICHEL (J.)

ACTUALITÉS GROGNET. — Voir les numéros ci-dessous page 85
61. *Eh bien ! mon brave général*, etc. | 62. *Cré mille tertciffe*, etc.

MILLET (Alb.)

La Flurion de Bismarck. Gr. in-8. En vente chez Strauss.
Sans nom d'imprimeur.

MOBB.

CARICATURES parues dans l'*Éclipse*, non tirées à part :
Le Roi s'amuse (n° 31, 24 juillet 1870).

Combat d'aigles (n° 132, 1ᵉʳ août 1870).

Remplaçant le numéro saisi de *Gill : Chaussures nationales*.

MOLOCH.

Joli cadeau fait à la Prusse! Lefman, sc. Imprimerie Alcan-Lévy.

A Son Excellence M. Thiers, etc... *Les Spectres.* Obl. Chez Deforet et César; imprimerie Talons.

A Son Excellence M. Thiers, etc... *Bravo Adolphe!* Obl. Chez Deforet et César; imprimerie Talons.

Souvenez-vous (1ᵉʳ mars 1871). Gr. in-8. Association générale Barthélemy et Cⁱᵉ.

Il y a des tirages sur papier blanc et sur papier lilas.

Actualités. Saillant, éditeur; lithographie Barousse :

(Sans numéro.) *Petit bonhomme vit encore.*
(Sans numéro.) *Simple projet de réforme.*
3. *Comment, Votre Excellence ne déduit pas*, etc.
4. *Ne trouvez-vous pas, M. le Chancelier*, etc.
5. *Peut-on entrer...?*
(Sans numéro.) *Le brave Ducrot nous revient*, etc.
(Sans numéro.) *Son Altesse Royale le duc d'Aumale.*
(Sans numéro.) *Actualités* (Lyon et Paris).

Ses Maîtresses (1). Saillant, éditeur; imprimerie Coulbœuf.

Actualité spéciale. In-8. Saillant, éditeur; lithographie Barousse.

Journaux de la Commune. Titre. — Alcan-Lévy, imprimeur.

Les Binettes du jour. Imprimerie Talons; dépôt chez Madre :

1. *Émile de Girardin. Confiance!*
2. *Ah! que l'on est fier d'être Français...*

Revue de la semaine. Deforet et César, éditeurs, lithographie Barousse.

N° 1 seul paru.

Hommes politiques. — *Vox populi, vox demolie.* Deforet et César, éditeurs; lithographie Barousse.

N° 5 seul paru.

A SON EXCELLENCE MONSIEUR THIERS, CHEF DU POUVOIR EXÉCUTIF DE LA RÉPUBLIQUE rurale.

LES SPECTRES.

A SON EXCELLENCE MONSIEUR THIERS CHEF DU POUVOIR EXECUTIF DE LA REPUBLIQUE rurale

BRAVO ADOLPHE ! GUILLAUME N'EST PLUS QU'UN PLEUTRE !!!

Hommes d'État. Saillant, éditeur; lithographie Barousse :
La Grande colère du père Jules Favre.

N° 1 seul paru.

Série de 29 numéros, connue sous le titre : *les Prêtres* :

1. *Le républicain Ernest Picard,* etc. Chez Deforet et César; imprimerie Talons.
2. *Façon dont le gouvernement de Versailles-les-Empaillés remportera la victoire à la bataille de Crosse en l'air!* Chez Deforet et César; imprimerie Talons.
3. *Le Jugement de Pâris.* Chez Deforet et César; imprimerie Talons.
4. *Flourens.* Chez Deforet et César; imprimerie Talons.
5. *Charette.* Chez Deforet et César; imprimerie Talons.
6. *Tentative de viol.* Chez Deforet et César; imprimerie Talons.
7. *Qu'avez-vous donc, ma chère enfant, vous semblez toute triste?* etc. Chez Deforet et César; imprimerie Talons.
8. *A bout de ressources.* Chez Deforet et César; imprimerie Talons.
9. *La mendicité étant interdite...* Chez Deforet et César; imprimerie Talons.
10. *A bout de ressources.* Chez Deforet et César; imprimerie Talons.
11. *Des embûches des méchants, délivrez-nous, Seigneur.* Chez Deforet et César; imprimerie Talons.
12. *Nous allons pour prendre Paris,* etc. Chez Deforet et César; imprimerie Talons.
13. *La maréchaussée versaillaise apprenant qu'elle a remporté la victoire...* Chez Deforet et César; imprimerie Talons.
14. *Monsieur le M...arquis de Gallifet.* Chez Deforet et César; imprimerie Talons.
15. *La Franc-Maçonnerie et la Commune.* Chez Deforet et César; imprimerie Talons.
16. *Thiers, dit Cœur Saignant.* Chez Deforet et César; imprimerie Talons.
17. *Va donc, eh! grande,* etc. Chez Deforet et César; imprimerie Talons.
18. *Mes chères filles, je suis heureux,* etc. Chez Deforet et César; lithographie Barousse.
19. *Restez, ma chère fille, dans la voie du Seigneur,* etc. Chez Deforet et César; lithographie Barousse.
20. *Y a du monde...!* etc. Chez Deforet et César; lithographie Barousse.
21. *Le pape : Mon cher Louis, à l'aide,* etc. Chez Deforet et César; lithographie Barousse.
22. *Ma chère sœur, je viens,* etc. Chez Deforet et César; imprimerie Talons.
23. *Mon cher Monsieur, l'Assistance publique,* etc. Chez Deforet et César; lithographie Barousse.
24. *Mais, ma petite Roularine,* etc. Chez Deforet et César; lithographie Barousse.
25. *Mon cher abbé, d'honneur,* etc.

Chez Deforet et César; lithographie Barousse.
26. *Venez à moi, chère enfant*, etc. Chez Deforet et César; imprimerie Talons.
27. *Ah! ça, mon vieux Laurent*, etc. Deforet, éditeur.
28. *Mince de festin!! On retravaille donc.* Chez Deforet et César, éditeurs.
29. *Quatre-vingt francs un mille de prières*, etc. Deforet et César, éditeurs.

Il existe des copies des numéros 28 et 29, reconnaissables à de légères différences dans le dessin : les originaux et même les copies sont rares.

La Scie, journal. Chez Deforet et César; imprimerie Talons :

1. *Les circulaires de M. Thiers. — Pouah!*
2. *Comment, nous n'avons que trois bailes*, etc.

La Sainte Messe. Sans nom d'imprimeur ni d'éditeur :

1. (Seul paru.) *L'Entrée en scène.*

La Sainte Messe. Sans nom d'imprimeur ni d'éditeur.

Copie de la pièce précédente; très légères différences dans le dessin.

Paris dans les caves. Album de 39 numéros plus le titre. Chez Deforet et César; imprimerie Talons :

Titre.
1. *Laissez donc, cher ami*, etc.
2. *Si je m'étais douté*, etc.
3. *Rassurez-vous, monsieur*, etc.
4. *De Charybde en Scylla.*
5. *Je me suis habitué à cette cave*, etc.
6. *Tiens, c'était à vous ce vin-là*, etc.
7. *Ce n'est pas tout ça*, etc.
8. *Y'n faudrait pas que ça dure*, etc.
9. *Tenez, vous serez parfaitement*, etc.
10. *Mais, monsieur le sergent de ville*, etc.
11. *Quand je vous disais que cette cave*, etc.
12. *Au secours! monsieur Pamphile*, etc.
13. *M. le propriétaire m'envoie*, etc.
14. *Un obus tombe; je n'attends pas*, etc.
15. *Je crois que l'idée que j'ai eue*, etc.
16. *Une Soirée dans les caves.*
17. *Jusque dans les caves...!!!*
18. *L'École dans les caves.*
19. *A-t-il d'la chance, ce Trompassol*, etc.
20. *Grand Dieu! le boulanger*, etc.
21. *Monsieur, après vous*, etc.
22. *Malheureux, je t'avais bien dit*, etc.
23. *Eh bien, c'est du propre*, etc.
24. *Mossieu le Popiliétaire*, etc.
25. *Mon cher M. Logealœil*, etc.
26. *Rassurez-vous, mesdames*, etc.
27. *Au bout de trois nuits dans les caves.*
28. *Jésus-Maria! les pétroleurs!* etc.

PENDANT LA GUERRE ET LA COMMUNE (1870-71).

29. T'étais donc dans les caves, toi, etc.
30. Sont-ils cocasses, etc.
31. Ciel! mon mari!
32. Ah! Ah! Je vous y prends, mossieu! etc.
33. Simple plaisanterie.
34. Mon cher, dans les circonstances critiques, etc.
35. Comment mylord remonte, etc.
36. Amour conjugal.
37. Jusqu'aux animaux, etc.
38. Adieu, bonne cave, etc.
39. Sauvés! merci, mon Dieu.

Les Silhouettes de 1871. Album de 26 numéros plus le titre. Chez Deforet et César; imprimerie Barousse :

Titre.
1. Monsieur le commissaire, je suis, etc.
2. La Chasse est ouverte.
3. Les Nouveaux Impôts.
4. Je suis ici pour avoir soutenu la Commune, etc.
5. Actualité.
6. Comme s'il avait besoin d'être Académicien, etc.
7. Badingoscope.
8. L'État de siège. — Le jour.
9. Oh! le porc, c'est toujours la même chose, etc.
10. Vous ne vous figurez pas, mon cher, etc.
11. Pour l'entretien de l'Église, etc.
12. La Mort simple??? etc.
13. Le Jugement des capitulards.
14. Mein herr, je vous présente mon fiancé, etc.
15. La Crise monétaire.
16. Ah ça! ma vieille, etc.
17. A propos de la crise monétaire.
18. R'garde comme il est poli, etc.
19. Jésus, Seigneur! M. Duvernois, etc.
20. Les Nuits de Duvernois.
21. Le Figaro et le Radical.
22. Le Siècle et l'Univers.
23. Le Constitutionnel et l'Union.
24. L'Ordre et l'Union.
25. Le Pays et la Cloche.
26. Le Monde et le Rappel.

Badingoscope. Série de 7 numéros. Sans nom d'éditeur ni d'imprimeur :

1. Comment ces Français ricanent, etc.
2. Un groupe de citoyens s'est réuni, etc.
3. Air connu : V'là Badingue que j'vous ramène.
4. Mon Cousin, je sens quelque chose en moi, etc.
5. Français, je vous déclare à tous la Vendetta!!!
6. O Clément, ô toi, mon dernier soutien!!! etc.
7. Vous savez, c'est pour mettre dans mon chapeau, etc.

On peut joindre deux autres albums de Moloch parus à la même époque : LL. Ex. Ex. Les Automédons, 24 numéros plus le titre. En vente chez: Deforet et César, Lith. Barousse, et les Fils de Cerbère, 19 numéros plus le titre, en vente chez: Deforet et César. Imprimeries Talons et Barousse; mais ces caricatures n'ayant rien de politique, nous croyons ne pas devoir en donner le détail.

PRISE DE PARIS. Deforet et César, éditeurs. — Voir les numéros ci-dessous page 31 :

1. *L'Armée régulière entrant dans Paris.*
2. *Combat dans les Champs-Élysées.*
3. *Prise des batteries de la Porte-Maillot.*
4. *La Barricade de la place Blanche.*
5. *Prise de Montmartre.*
6. *Incendie du Ministère des Finances.*
7. *Prise de la barricade du Ministère des Finances.*
8. *Incendie des Tuileries.*
9. *Prise de la barricade de la Croix-Rouge.*
10. *Combat et incendie de la rue du Bac.*
13. *Attaque de la place Vendôme.*

CARICATURES de MOLOCH parues dans les journaux-charges, non tirées à part :

1° Dans le *Monde pour rire* :

Prussiana. 6 croquis (n° du 31 juillet 1870).
Prussiana. 7 croquis (n° du 8 août 1870).
La Mitrailleuse (n° du 16 août 1870).
Croquis de guerre. 2 croquis (n° du 23 août 1870).

2° Dans : *Ho! hé! l'Prussien!*
Huit croquis.

MONTBARD.

Le Rhin allemand. In-fol. Typographie Rouge.
   Publiée par l'*Eclipse*.

La Versaillaise. Chanson de 4 pages in-12. Lefman sculp. Imprimerie A. Vallée.
Barbès. Portrait. Imprimerie Moncelot.
Alsace et Lorraine. In-8. Imprimerie Turfin et Juvalet; en vente chez Chatelain.
La Marseillaise. Supplément de *Polichinelle*. Imprimerie Vallée.

CARICATURES de MONTBARD, parues dans les journaux-charges, non tirées à part :

1° Dans *Polichinelle* :

THÉÂTRE DE POLICHINELLE. — *Halte-là, pas de nouvelles folies!* (n° 6, 21 juillet).
Un terrible joujou de Nuremberg (même numéro).

Théâtre de Polichinelle. — *Avant la lutte* (n° 7, 28 juillet 1870).
La Punition (même numéro).
Théâtre de Polichinelle. — *Le roi de Prusse et son chien*, etc. (même numéro).
Le Départ de la landwehr (même numéro).
Le Premier Coup de fourchette ou la Prise de Saarbruck (n° 9, 11 août 1870).
La France en armes (n° 10, 18 août 1870).

2° Dans la *Fronde illustrée* :

Les Assassins (n° 1, 27 avril 1871). | *Revue comique* (même numéro).

3° Dans la *Chronique illustrée* :

Le Départ de l'Envahisseur (n° 5, 11 mars 1871).
La Lumière les éblouit (n° 12, 18 mars 1871).
Que la France reste unie! (n° 13, 26 mars, 2 avril 1871).

MORDRET (Collections).

Série de 18 numéros :

1. *Promettre et tenir* (par Mathis).
2. *La Vérité* (par Mathis).
3. *A chacun selon ses œuvres* (par Mathis).
4. *La Dernière Étape?* (par Mathis).
5. *Une séance en partie double* (par Mathis).
6. *La Situation* (par Selrac).
7. *Musée des Souverains* (par Mathis).
8. *Vieilles Guenilles* (par Mathis).
9. *Elle* (par Courtoujours).
10. *Paris pacifié, 1871* (par Mathis).
11. *Le Contraste : Mourir pour la patrie* (par Vernier).
12. *Le Contraste : Paris avant la guerre. Paris pendant le siège* (par Vernier).
— La même pièce, sans numéro. Lithographie Formstecher.
13. *Napoléon et Frédéric* (par Vernier).
14. *Prenez mon ours* (par Vernier).
15. *Le futur gouverneur de Paris* (par Courtoujours).
16. *Avis aux électeurs* (par Courtoujours).
17. *Mon p'tit neveu* (par Courtoujours).
18. *Entre les deux* (par Courtoujours).

Il y a eu deux tirages de cette série ; l'un portant sur chaque pièce : *Collection Mordret, n°* » ; l'autre tout simplement : *A. Mordret, éditeur*.

COLLECTION OBLONGUE :

1. *La Nouvelle Cène* (par Mathis).
2. *Le Baiser de Judas* (par Mathis).
3. *Les Noces de Cana* (par Vernier).

La Commune A. Mordret, éditeur. Album de 55 portraits plus le titre, signés *F. M.* (Mailly) et *E. C.* (Ch. Vernier) :

Titre portant : *1re série de 32 portraits avec notice biographique.*
Signé : F. M.

— Le même, état différent, portant : *Série de portraits avec notice biographique.*

— Le même, autre état.
Réimpression ; sans indication de série de portraits, etc.

— Le même : *En vente chez les marchands de pétrole.*
État différent portant : *la Commune, ses membres, ses délégués, ses journalistes.*

1. Paschal Grousset (E. C.).
2. Jules Miot (E. C.).
3. Gustave Courbet (E. C.).
4. Adolphe Assi (E. C.).
5. Gaillard père (E. C.).
6. Le père Duchêne (E. C.).
6. Le père Duchêne.
   Réimpression faite par P. Klenck. Ne porte pas : A. Mordret, éditeur.
7. Félix Pyat (E. C.).
8. Jules Vallès (E. C.).
9. Gustave Maroteau (F. M.).
10. Charles Gambon (F. M.).
11. Jules Allix (E. C.).
12. Raoul Rigault (E. C.).
13. A. Verdure (F. M.).
14. Simon Dereure (F. M.).
15. Eugène Protot (E. C.).
16. Paul Cluseret (E. C.).
17. Louis Pindy (F. M.).
18. Pierre Vésinier (F. M.).
19. Théophile Ferré (E. C.).
20. Charles Delescluze (E. C.).
21. Millière (E. C.).
22. Mégy (E. C.).
23. Lefrançais (F. M.).
24. Louis Chalain (F. M.).
25. C. Lullier (F. M.).
26. F. Jourde (F. M.).
27. A. Dupont (F. M.).
28. Decamps (F. M.).
29. Pilotell (E. C.).
30. Benj. Gastineau (E. C.).
31. Arthur Arnould (E. C.).
32. Frédéric Cournet (E. C.).
33. Jules Johannard (F. M.).
34. A. Sicard (F. M.).
35. Tony Moilin (F. M.).
36. Dacosta (F. M.).
37. Auguste Vermorel (F. M.).
38. Trinquet (F. M.).
39. Eugène Pottier (F. M.).
40. Urbain (F. M.).
41. Georges Cavalier (E. C.).
42. Henri Rochefort (E. C.).
43. Ch. Beslay (E. C.).
44. Gabriel Ranvier (E. C.).
45. H. Champy (E. C.).
46. Ferrat (E. C.).
47. Ulysse Parent (E. C.).
48. Rastoul (E. C.).
49. Dombrowski (E. C.).
50. Billioray (E. C.).
51. Théodore Regère (E. C.).
52. Eugène Razoua (E. C.).
53. Jules Fontaine (E. C.).
54. Louis Rossel (E. C.).
55. Jules Bergeret (E. C.).

(Les initiales placées entre parenthèses indiquent la *signature* de chaque numéro.)

MORIN (Edmond).

COMPOSITIONS D'EDMOND MORIN parues dans les journaux suivants, non tirées à part :

1° Dans la *Vie parisienne* :

De Prusse en France (n° du 23 juillet 1870).
Ne touchez pas à la Marseillaise (n° du 6 août 1870).
En avant (n° du 20 août 1870).
La Bataille (n° du 20 août 1870).
Sous toutes réserves (n° du 20 août 1870).
Paris armé (n° du 3 septembre 1870).
Le Dernier Jour de l'Empire (n° du 10 septembre 1870).

2° Dans le *Monde illustré* :

La Guerre (n° du 13 août 1870).
Le général Uhrich, commandant Strasbourg (n° du 10 septembre 1870).
La Guerre et la Charité (n° du 22 octobre 1870).
La Résistance de Paris (n° du 12 novembre 1870).
Le Christmas de 1870 à Berlin (n° du 24 décembre 1870).
Nos Vœux et nos Souhaits (n° du 31 décembre 1870).
Le Gâteau des Rois à Versailles (n° du 7 janvier 1871).
Les Femmes de Paris pendant le siège (n° du 11 février 1871).
1er mars 1871. Paris en deuil (n° du 4 mars 1871).
Monsieur Thiers (n° du 25 mars 1871).
Après la Tourmente (n° du 3 juin 1871).
Saint-Cloud (n° du 30 septembre 1871).

MORIN (L.-C.)

Retour du Voyage au Pays des Neutres. Imprimerie lithographique de Berchdolff.
La Boutique à 13 sous. Lithographie Caille.
La Boutique à 13 sous. Lithographie Caille.
   Autre état ; différences dans la légende.

MORLAND.

CARICATURES parues dans les journaux-charges, non tirées à part :

1° Dans l'*Esprit follet* :

Les Fatalités de la guerre, 8 croquis (n° du 30 juillet 1870).

136 LA CARICATURE POLITIQUE EN FRANCE.

2° Dans le *Journal amusant* :

Questions du jour, une grande page et 8 croquis (n° du 5 août 1871).
Les Blagueurs (n° du 12 août 1871).
Les Allemands chez eux (n° du 30 septembre 1871).

MORSABEAU. Voir ROSAMBEAU.

MOSNIER.

Le Gibet. Lithographie Martain et Rey à Marseille.
La Lanterne illustrée, journal satirique de Marseille. Dessins de Mosnier.

Je n'ai eu entre les mains que le n° 4 de ce journal (6 mai 1871). Il y a 11 dessins de *Mosnier*, 1° en grande page : « Le Pape reconnaissant mais caressant la République »; 2° « Syncope du petit homme »; 3° « Histoire des sauveurs », 9 croquis.

NARCY

L'Élection du 2 juillet : Vote des campagnes (Charivari, 17 juillet 1871).

Caricature non tirée à part.

NÉRAC.

Les Signes du Zodiaque. In-12. Deforet et César, éditeurs; lithographie Barousse :

1. *Les Pompiers de la Commune* (le Verseau).
2. *Garantis bon teint* (les Poissons).
3. *O Progrès! voilà bien de tes coups* (le Bélier).
4. *Exercice très dangereux* (le Taureau).
5. *Frères Siamois de la destruction* (les Gémeaux).
6. *Le Char de la liberté* (le Cancer).
7. *On ne passe pas* (le Lion).
8. *Les Jeanne d'Arc de la Commune* (la Vierge... folle).
9. *Le Moment psychologique* (la Balance).

10. *Avoir un scorpion dans sa boîte au lait est synonyme de prendre une correspondance pour Charenton* (le Scorpion).

11. (Le Sagittaire) *du verbe s'agiter …courir à Pyat… ventre.*

12. *Assi* (le Capricorne).

Complet en 12 numéros.

A qui la timbale? Dépôt chez Deforet et César; lithographie Barousse.

LES COMMUNEUX. Imprimerie Jailly; chez Deforet et César :

1. *Le Canard à trois becs,* tableau de famille.
2. *Le Délégué civil de Delescluze.*
3. *Le Délégué aux domaines : Fontaine.*
4. *Paschal Grousset.*
5. *Bergeret lui-même est à Neuilly.*
6. *P. Cluseret, dit la Rose des vents.*

Tirage sur papier de luxe pour les amateurs (*note de l'éditeur*).

Pièces de Nérac signées XIAT :

Grand Arrivage de laids conservés. Dépôt chez Deforet et César; lithographie Barousse.

Les Œufs de Pâques des Parisiens. Dépôt chez Madre; lithographie Barousse.

THÉATRE DE VERSAILLES. *La Grande-Duchesse.* Dépôt chez Madre; lithographie Barousse.

LES INDISPENSABLES. Dépôt chez Madre; lithographie Barousse :

1. *L'Éponge de toilette* (le R. V. père Veuillot).
2. *Le Corset* (Deux saints captifs).
3. *Le Soufflet à punaises* (le général Dombrowski).

Cette dernière caricature est très rare.

NIELD (John).

CARICATURES parues dans les journaux-charges, non tirées à part :

1° Dans l'*Esprit follet :*

AU VILLAGE. — *Les Nouvelles de la guerre* (n° du 13 août 1870).

2° Dans *Paris comique :*

Panorama drôlatique d'un train de plaisir pour Berlin (n° du 30 juillet 1870).

La Guerre, 10 croquis (n° du 27 août 1870).

La Défense de Paris (n° du 3 septembre 1870).

PENDANT LA GUERRE ET LA COMMUNE (1870-71). 139

3° Dans le *Petit Journal comique* :

Nos troupes. — *Hi! Hi! Tais-toi, Gretchen*, etc. (n° 66). | *Au Camp* (n° 68).
Les Corps francs (n° 70).

NIX. *Voir* DEMARE.

OH! *Voir* MATHIS.

PATRIOTY. *Voir* TALONS.

PAUL (L.) (Paul Laitu).

Promenade triomphale à travers l'Allemagne. Chez L. Paul ; dépôt chez Montau, à Bordeaux.
Surprise. En vente chez L. Paul.

Sans signature, attribuée à *L. Paul*.

Les Grenouilles qui demandent un roi. Lithographie L. Moreau, à Bordeaux.
Casse-Tête républicain. L. Paul, éditeur.

Sans signature, attribuée à *L. Paul*.

Fameux Problème algébrique et politique. En vente chez L. Paul ; lithographie L. Paul.

Sans signature, attribuée à *L. Paul*.

Fameux Problème algébrique et politique. En vente chez L. Paul ; imprimerie A. Blanc.

État différent. L'explication est en biais.

Problème politique amusant. Imprimerie Hillekamp.

Sans signature, attribuée à *L. Paul*.

PEALARDY et GRANDPERRET.

Parti en guerre contre les ennemis. In-12. Lithographie Lefebvre.
Allons, Rouher, bon courage, etc. Lithographie Lefebvre.
Le Coup de balai du 4 septembre 1870. Lithographie Lefebvre.

Dans une tour obscure, un roi puissant languit. Lithographie Lefebvre.
Un Laissez pour compte! Lithographie Lefebvre.
Ouvrez-moi, c'est Rouher, etc. Lithographie Lefebvre.
   Signé : *Peslardy et Gradperret.*
Pardon, mon bon frère, etc. Lithographie Lefebvre.
   Signé : *Peslardy et Gradperret.*
Maintenant il ne me reste plus, etc. Lithographie Lefebvre.
   Signé : *Peslardy et Gradperret.*
Le Cauchemar de Guillaume. In-8. Lithographie Garjanne.
Dis-donc, Bismarck, il me semble que nous commençons à pêcher dans l'eau trouble, etc. Lithographie Garjanne.
Qu'est-ce qu'Augusta va dire, etc. Lithographie Garjanne.
Dis donc, Guillaume, si de Moltke leur mettait que l'armée de la Loire est détruite?... Lithographie Garjanne.

PÉKA. *Voir* KLENCK (Paul).

PELCOCQ.

Souvenirs de guerre, 4 croquis (*Journal amusant,* n° du 5 août 1871).
   Caricatures non tirées à part.

PELLERIN, éditeur, à Épinal.

Actualités, 305. — *Qu'est-ce donc que vous avez là sur la tête,* etc; Lithographie Pellerin, à Épinal.
Actualités. — *Qu'est-ce donc que vous avez là sur la tête,* etc.
   État différent sous le numéro 589.
Actualités, 306. — *Ah! sacremen, terteifl,* etc. Pacher, del.. C. M., lithographe. Lithographie Pellerin, à Épinal.
Actualités. — *Ah! sacremen, terteifl,* etc.
   État différent sous le numéro 590.
Actualités, 307. — *Eh bien! Bismarck, quelle victoire,* etc. Lithographie Pellerin, à Épinal.

BON VOYAGE Mr BADINGUET (Air Connu)

ACTUALITÉS. — *Eh bien! Bismarck, quelle victoire*, etc.

    État différent sous le numéro 591.

ACTUALITÉS, 592. — *Le Serment des braves.* C. M., lithographe. Lithographie Pellerin, à Épinal.

ACTUALITÉS, 593. — *Scènes de la guerre de Prusse*, 12 croquis. Lithographie Pellerin, à Épinal.

PÉPIN.

La Dernière Revue (5 septembre 1870). Lefman sc. Typographie Rouge.

Vingt Ans après (5 septembre 1870). Lefman sc. Typographie Rouge.

Polisson!... (6 septembre 1870). Lefman sc. Typographie Rouge.

Polisson!... Napoléon le Grand corrigeant le Petit. Vendu par Dessendier.

    État différent, sans signature.

Bon voyage, M. Badinguet. Lefman sc. Typographie Rouge.

    Sans signature, attribuée à *Pépin*.

Bon voyage, M. Badinguet. Sans nom d'éditeur.

    État différent et différences notables dans le dessin.

Bon voyage, M. Badinguet. Vendu par Dessendier.

    Également sans signature. Autre état et autres différences (les *rouflaquettes* sont plus longues).

A toute vapeur.

    Dessin inédit, signé : *Jonchère* (Musée Carnavalet), attribué à *Pépin*.

TYPES ET UNIFORMES DE L'ARMÉE PRUSSIENNE. Chez Strauss et chez Madre; imprimerie Vallée :

1. *Officiers, cavalerie.* | 2. *Infanterie, génie.*

Manifeste du comte de Chambord, 21 croquis. Lithographie Fudez, à Moulins.

Moulins à vol d'oiseau. Lithographie Fudez, à Moulins.

Caricatures parues dans l'*Éclipse*, non tirées à part :

Page détachée de l'album d'un zouave (n° 131, 11 août 1870).

Pièce remplaçant un dessin saisi de Gill : « La France en danger. »

En avant, marche (même numéro, quatrième page).

PESCHEUX.

Les Aventures de Sabre de Bois. Dépôt chez Madre; lithographie Barousse, 1871 :

1. Frontispice.
2. Sabre de Bois.
3. La Splendeur.
4. Théâtre de la guerre.
5. Le Plan.
6. Disparition du plan.
7. La Déclaration de guerre.
8. Victoire et Mélasse.
9. Avant la bataille; après la bataille.
10. Sedan.
11. Un Prussien en réquisition.
12. La Fabrique des petits généraux.
13. Le Siège de Paris.
14. Nourriture pendant le siège.
15. Le 4 Septembre.
16. L'Armistice.
17. Les Français et les Prussiens.
18. La Guerre en province.
19. Amusement de garnison.
20. Souvenirs et Regrets.
21. Les Fournisseurs.
22. Une Position délicate (indiquée par erreur n° 3).
23. Une Position sociale.
24. Épilogue. Les Pages de l'Histoire.

Ces caricatures, non signées, sont attribuées à *Pescheux*.

PILOTELL (G. Pilotelle).

Troppmann. Sans nom d'imprimeur ni d'éditeur.
    Parue sous l'Empire.

Troppmann. — Pierre Bonaparte. Imprimerie Valentin.
    État différent.

Troppmann.
    Autre état portant : *La peine de mort est un crime.*
    Il existe de ces différents états de nombreux tirages en noir, en rouge et sur papier de diverses couleurs.

Ah! ben M... Imprimerie J. Lanois.
    Parue sous l'Empire.

L'Espion prussien H. de Villemessant. Imprimerie Pilotell; en vente partout.
    Comme légende, la copie de la lettre adressée à H. de Villemessant par l'État-major prussien.

PENDANT LA GUERRE ET LA COMMUNE (1870-71).

L'Espion prussien. Imprimerie Pilotell; chez tous les libraires.

> État différent. Une légende remplace la lettre de l'autre tirage, et il n'y a pas de titre.

Toutes trois... trahies!... (Sedan, Metz, Nancy). Chez Saillant; imprimerie Talons.

Toutes trois... trahies!... (Sedan, Metz, Nancy). En vente chez Deforet; imprimerie Talons.

> État différent.

Toutes trois... trahies! (Paris, Sedan, Metz). Chez Deforet et César; imprimerie Talons.

> Le dessin est le même que pour le précédent.

La Poire et le Couteau. Chez Deforet et César.

LES CANNONIERS DE LA RÉPUBLIQUE. Imprimerie Talons; en vente rue du Croissant, 10 :

> (N° 1), seul paru.

LES CANNONIERS DE LA RÉPUBLIQUE. Imprimerie Talons; en vente chez Deforet et César :

> (N° 1). État différent.

PIÈCES AUTHENTIQUES POUR SERVIR A L'HISTOIRE DU SECOND EMPIRE (1).. Imprimerie Talons; dépôt et vente chez Deforet :

La Police.

LES AMOURS DES PRÊTRES (1). Imprimerie Talons.

La Parisienne. Chant de Léon Charly. Deforet et César, libraires-éditeurs; imprimerie Talons..

SOUS L'EMPIRE. — *L'Éducation d'un prince.* Sans nom d'imprimeur ni d'éditeur.

> Sans signature, attribuée à *Pilotell.*

ACTUALITÉS. Chez Deforet; imprimerie Talons :

1. *Dieu protège la France,* etc.
2. *Marche! je n'en peux plus.*
3. *Un petit avocat et un grand général.*
4. *Ventre affamé n'a pas d'oreilles.*
4. *Ventre affamé n'a pas d'oreilles.*
    > État différent, non signé, différences notables dans le dessin.
5. *Surprise désagréable.*
5. *Je n'en veux pas de roi, moi...*

6. *Les Lions retenus par l'âne.*
7. *Relevez-vous, un homme ne pleure pas.*
8. *Les Voyageurs pour la trouée.*
9. *Nous, pas crier à Berlin, etc.*
10. *Arthur et Ernest ou les frères Siamois de la politique.*
11. *Le Triomphe du nouveau Washington.*
12. *Le Fournisseur de S. M. Guillaume.*
13. *Vos paratonnerres ne conjureront pas l'orage.*
14. *Les quatre fils Aymon.*
15. *Vous êtes libre de retourner en France, etc.*
16. (Sans légende.)
17. *Qui s'y frotte s'y pique.*
18. *C'est là qu'ils iront siéger.*
19. *Suppression de la liberté de la presse par Vinoy.*
20. *Le vrai père Duchêne.*
21. *La lumière leur fait peur.*
22. *Qu'est-ce qu'il a donc fait, ce gros militaire.*
23. *Emparez-vous de ces canons, etc.*

LES REPRÉSENTANTS EN REPRÉSENTATION. In-12. Chez Deforet et César; imprimerie Talons :

1. *Félix Pyat.*
2. *Victor Hugo.*
3. *Schœlcher (3 février 1871).*
4. *Benoist d'Azy.*
5. *Jules Favre.* Sans nom d'imprimeur ni d'éditeur.

Il existe une contrefaçon du n° 5.

CROQUIS RÉVOLUTIONNAIRES. In-8 :

1. *Que le peuple veille!* Chez Saillant; lithographie Barousse.
2. *La Commune arrêtée par l'ignorance et la réaction.* Chez Saillant; lithographie Barousse.
3. *Le Dieu des armées se chargeant par la culasse.* Chez Saillant; lithographie Barousse.
4. *Trop petits.* Chez Deforet; imprimerie Talons.
5. *Je veux la mettre au moins au front de son palais.* Imprimerie Pilotell; en vente partout.

LA CARICATURE POLITIQUE, journal :

1. *Je veux la mettre au moins au front de son palais.*
2. *Offert par la Caricature à l'Assemblée nationale pour l'exécution des J.-F. de membres de la trahison nationale.*
3. *Qui vive? Socialistes.*
4. *A bas les pattes.*
5. *L'Exécutif.*
6. *Petit, ton baiser de Judas ne t'a pas salie, la belle!!!*

Le numéro 2 a été saisi et est fort rare.

LA BÊTISE HUMAINE. Chez Grognet; dépôt chez Madre. — Voir les numéros ci-dessous page 86 :

1. *Qui vive? Trochu, etc.*
2. *Le Comte de Paris : Voici le poignard, etc.*

PENDANT LA GUERRE ET LA COMMUNE (1870-71).

Le Pilori des Mouchards.

Publication complète en 3 livraisons. Sur le titre et la couverture imprimée sur papier jaune, un dessin de Pilotell. La couverture de la troisième livraison est imprimée sur papier vert; cette livraison est introuvable.

AVANT, PENDANT ET APRÈS LA COMMUNE. *Caricature à l'eau-forte.* Londres, chez l'auteur; 19 planches, plus le titre et les tables.

Collection de toute rareté.

PINOT et SAGAIRE, éditeurs, à Épinal.

C'est moi qui ai coupé la patte à Coco, etc.
Voici encore Bismarck avec son grand balai, etc.
C'est toi qui m'as mis dans le pétrin.
Guillaume s'en va-t-en guerre.
Voici ce grr...and croquemitaine.
Bombardement de Paris.

Sans signature.

PIPP.

Pétition du sapeur Barbe d'or. In-8. Chez Madre; lithographie Barousse.
L'Équilibre européen, 1871. In-8. Chez Madre; lithographie Barousse.
L'Équilibre européen, etc.

État différent; différences légères dans les ombres.

LA COMMUNE BURLESQUE. Texte par Trilby, 4 pages. Chez Madre; typographie Rouge :

1. La Commune burlesque. | 2. La Journée du 18 mars.

Le dernier Souffle de la Défense nationale. Sans nom d'imprimeur.

Pièce très rare faite pour le *Grelot*; elle a été saisie par la censure et il n'en existe que des épreuves (Collection Tardent).

POUDRE et MATIGO.

Badingue pour trouver Eugénie avec son fils lui chantera de l'orgue à Papa. Saillant, éditeur; imprimerie Coulbœuf.

Badingue pour trouver Eugénie avec son fils lui chantera de l'orgue à Papa. Saillant, éditeur; lithographie Barousse.

Tirage différent. Non signée.

Badingue livrant à l'alimentation son cheval de bataille. Saillant, éditeur; imprimerie Coulbœuf.

Badingue livrant à l'alimentation son cheval de bataille. Saillant, éditeur; lithographie Barousse.

Tirage différent.

Qui se ressemble s'assemble. Saillant, éditeur; imprimerie Coulbœuf.

Non signée, attribuée à *Poudre et Matigo*.

Qui se ressemble s'assemble. Saillant, éditeur; lithographie Barousse.

Tirage différent.

PRADELLES (H.)

Nos bons Allemands. Lithographie Roques et Gouilland, à Bordeaux:

1. M. Fritz est venu, etc.
2. Entrée triomphale des Prussiens à Berlin.
3. Guillaume le requérant.
- On n'a pas oublié sa petite famille.
- Tous mes sujets l'ont mérité.
- De la Graine d'espions.
- Avant et après la guerre.
- Au revoir.
- Ces Messieurs brocantent nos dépouilles.
- Les Héros du jour.
- L'Ordre règne en Alsace.
- Un Souhait bien sincère.

Dans une couverture. Les trois premières pièces sont seules numérotés.

PUDOR. *Voir* FAUSTIN.

PUVIS DE CHAVANNES.

La Ville de Paris investie confie à l'air son appel à la France; le ballon. In-fol. Imprimerie Lemercier; E. Vernier, lithographe; chez Leconte, éditeur.

Échappé à la serre ennemie, le messager attendu, etc. Imprimerie Lemercier; E. Vernier, lithographe; chez Leconte, éditeur.

R. P.

Mystères de la Commune :

1. *Guillaume : On était pourtant convenu*. Aux bureaux de l'Éclipse. Imprimerie Lemercier.

Journalistes de la Commune. Eau-forte. Imprimerie Lemercier.

QUILLENBOIS.

Actualités grotesques. Imprimerie Paul Dupont; Renauld, éditeur :

Victor Hugo.
Jules Favre.
Crépinet.

Utile pour le macadamisage des boulevards.

Ces quatre pièces sont des reproductions de caricatures parues en 1848.

RUINEPUBLIQUE SŒUR DE L'AN-PIRE!

RAFF (Emma).

Complainte du sire Badingué. Chanson. Lithographie Bouvetier.

RANDON (G.)

Caricatures parues dans le *Journal Amusant*, non tirées à part :

La Campagne de Prusse, 3 croquis (n° du 6 août 1870.)

La Campagne de Prusse, 3 croquis (n° du 13 août 1870).

La Campagne de 1870, 12 croquis (n° du 20 août 1870).

Actualités, une grande page et 4 croquis (n° du 29 août 1870).

Actualités, 4 croquis (n° du 3 septembre 1870).

La Mobile au camp de Saint-Maur, 13 croquis (n° du 10 septembre 1870).

Actualité. — *Les Derniers Bancs de la landwehr sont en marche*, etc. (n° du 17 septembre 1870).

La Mobile au camp de Saint-Maur, 3 croquis (n° du 17 septembre 1870).

Actualités, 9 croquis (n° du 24 septembre 1870).

Souvenirs du Siège de Paris, 5 croquis (n° du 24 juin 1871).
ACTUALITÉ. — Les voilà donc, ces chers Libérateurs, etc. (n° du 5 août 1871).

La Prusse extra muros, 5 croquis (n° du 19 août 1871).
La Prusse extra muros, 5 croquis (n° du 30 septembre 1871).

RÉGAMEY (F.)

Le Blocus de Paris. Complainte-placard. Richard, éditeur; typographie Alcan-Lévy.

PLANCHE in-8, sans légende, représentant la France et la liberté au chevet de la République.

> Cette pièce est de toute rareté.
> La légende devait être : « Elle n'était qu'endormie ! » mais il n'existe pas d'épreuve avec la légende.
> Il y a des tirages sur papier bleu.

LE SALUT PUBLIC, journal :

1. (Seul paru). *La République sauve la France.*

LA RÉPUBLIQUE A OUTRANCE, journal :

1. *Jules Tant-Pis et Léon Tant-Mieux*. En vente, 5, rue Taranne; 8 février 1871.
2. *Entrée solennelle de l'Empereur d'Allemagne à Paris*. En vente chez Madre; 18 février 1871.

CARICATURES de RÉGAMEY, parues dans les journaux-charges, non tirées à part :

1° Dans le *Charivari* :

La Guerre à Paris, 6 croquis (n° du 29 juillet 1870).

2° Dans la *Chronique illustrée* :

Du temps de Trochu (n° 20).

3° Dans le *Tam-Tam* :

EN TÊTE (mars 1871).

4° Dans la *Vie Parisienne* :

Le Départ des troupes de Paris, 24 croquis (n° du 23 juillet 1870).
En Avant, mobile! (n° du 30 juillet 1870).
Un Départ de mobiles, 4 croquis (n° du 6 août 1870).

Nos Troupiers en campagne, 15 croquis (n° du 13 août 1870).
Nos Tenues et nos équipages de campagne, 12 croquis (n° du 20 août 1870).
Autour des fortifications, 8 croquis (n° du 3 septembre 1870).

Nos Moblots, 12 croquis (n° du 10 septembre 1870).
Bon Appétit (n° du 10 juillet 1871).
Paris est mort, vive Paris (n° du 10 juillet 1871).

REGNAULT.

Véritable Portrait de la République. T. G. Regnault invenit et fecit.

RENAUDIN (Collection SANGLIER).

Nouveau Barbe-Bleue, grand format. En vente chez Souverain.
Nouveau Barbe-Bleue, petit format. En vente chez Souverain.
Le Paradis perdu. En vente chez Souverain.
Le Vengeur et le radeau de la Méduse. En vente chez Souverain.
Vision. Sans nom d'imprimeur ni d'éditeur.
Les Pupilles de la République. Lithographie Paindebled.
7. *Échec au roi et Échec et mat.* Sanglier, éditeur; imprimerie Talons.
8. *Les Rejetons de 93.* Imprimerie Talons.

RENAULD.

Ruine publique, sœur de l'An-Pire. Renauld, éditeur; lithographie Roche.
  Non signée, attribuée à *Renauld*.

RENAUX (Ed.)

Il arrive... il arrive. Chez Duclaux; dépôt chez Madre; imprimerie Deplanche.
Quelques huîtres bâillant au soleil. Chez Duclaux; dépôt chez Madre; imprimerie Deplanche.
A la santé de la République une et indivisible. Chez Duclaux; dépôt chez Madre; imprimerie Deplanche.
Les Ruraux. Imprimerie Talons.
On attends (sic) *la République.* Imprimerie Talons.
Plateau d'Avron : Intérieur d'un poste. Chez Grognet.
C'est moi qui du siège ai su profiter, etc. Sans nom d'imprimeur.

Non, c'est impossible, je ne puis m'en revêtir, etc. Chez Deforet et César; imprimerie Talons.

La Commune. In-4. Imprimerie Lender fils.

Vente d'un vieux meuble, etc. Sans nom d'imprimeur.

Peuple français, arrête ta vengeance, etc. Sans nom d'imprimeur.

DE MOLTKE ET TROCHU. — *De Moltke : Ta valeur, Trochu, n'attend pas le nombre des années*, etc. Chez Deforet et César ; imprimerie Talons.

LA COMMUNE. — *Souvenirs de 1871*. J. Michel, lithographe.

Contre (illisible), *1870-71*. Sans nom d'éditeur ni d'imprimeur.
  Signée : *Edmond sculpteur*.

LA CRITIQUE :

1. *Thiers Ier roi des capitulards*. Sans nom d'éditeur.
2. *Trochu, général des capitulards*. Chez Grognet; dépôt chez Renaux.

ACTUALITÉS GROGNET. — Voir les numéros ci-dessous page 84.

35. *Grand Assaut soutenu par le matelot*.
36. *Le nouveau Joseph et la nouvelle Putiphar*.
37. *Le Sire de Fisch-ton-Kan*.
40. *Grande occupation du général Moltke*.
46. *Tu vois, Badinguet, tu as beau rire*, etc.
54. *Troppman le disait bien qu'il avait des complices*.

Pièces de *Ed. Renaux* signées MARCIA :

Les Catacombes. Imprimerie Coulbœuf.

Le Départ de la Commune. Chez Deforet et César; imprimerie Barousse.

La Question des loyers. Chez Deforet et César; imprimerie Barousse.

Le Travail, c'est la liberté. Chez Deforet et César; imprimerie Barousse.

Gambetta. Imprimerie Coulbœuf.

LES COMMUNARDS. Imprimerie Coulbœuf :

1. *Félix Pyat*.
2. *Courbet*.

ROBIDA.

CARICATURES parues dans les journaux-charges, non tirées à part :

1° Dans *Paris-Caprice* :

Aux Camps, 11 croquis (n° du 6 août 1870).
A Metz, 12 croquis (n° du 13 août 1870).
A la Frontière, 10 croquis (n° du 20 août 1870).

Messieurs les ennemis, 10 croquis (n° du 27 août 1870).
En Guerre, 18 croquis (même numéro).

2° Dans la *Chronique illustrée* :

Revue comique, 10 croquis (n° du 13-19 août 1871).

3° Dans *Paris Comique* :

Au Départ, 9 croquis (n° du 30 juillet 1870).
A la Frontière, 9 croquis (n° du 20 août 1870).

La Chasse aux espions (n° du 27 août 1870).
Paris militaire, 10 croquis (n° du 3 septembre 1870).

4° Dans le *Journal amusant* :

Croquis du jour, 28 croquis (n° du 1er juillet 1871).

ROGA (Paul). *Voir* BOUTET (Henri).

ROSAMBEAU.

Les Ficelles du père de Moltke. Chez L. Paul; lithographie Lemaine.
Don Bazile Ignace Loyola Bismarck. Chez L. Paul; lithographie Lemaine.
Le général Boum-Boum. J. Baudet, éditeur; lithographie Barousse.
Les Pupilles de la République. Chez Duclaux; dépôt chez Madre; lithographie Deplanche.
Au camp des pupilles de la République. Chez Duclaux; dépôt chez Madre; lithographie Deplanche.
Le Roi s'amuse. Chez Duclaux; dépôt chez Madre; lithographie Deplanche.
La Partie de volant. Chez Duclaux; dépôt chez Madre; lithographie Deplanche.
Le Gateu (sic). Chez Duclaux; dépôt chez Madre; lithographie Deplanche.
Les Amazones de la Seine. Chez Duclaux; dépôt chez Madre; lithographie Deplanche.

Le Roi des Prussiens. Chez Duclaux ; dépôt chez Madre ; lithographie Deplanche.

Air connu : Voici le sabre de mon oncle. Grand in-4. Chez Duclaux ; dépôt chez Madre ; lithographie Deplanche.

Pensées d'un philosophe. Dépôt chez Madre ; lithographie Gilquin.

Hors Paris. Dépôt chez Madre ; lithographie Gilquin.

Le Moblot. Imprimerie Deplanche ; chez Duclaux ; dépôt chez Madre.

Richard cœur de... lièvre. Imprimerie Deplanche ; chez Duclaux ; dépôt chez Madre.

Un Cri (*Grelot* du 30 avril 1873).

    Non tirée à part.

EN-TÊTE des *Lamentations de la mère Duchêne*, 23 avril 1871.

PROFILS ET BINETTES :

1. *Allons, petite République,* etc. Chez Grognet ; Madre, libraire.
2. *Quand on le vit ivre de gloire,* etc. Chez Grognet.
3. *Général, pourquoi cet air sombre.* Chez Grognet ; Madre, libraire.
4. *En voyant ce masque romain,* etc. Chez Grognet ; Madre, libraire.
5. *En voyant ce masque romain,* etc. Chez Grognet.
    État différent. Sans « Madre, libraire. »

LA FLÈCHE, journal. — *L'Aquarium national.* — *La Mise en accusation.*

    Il existe des tirages à part (Musée Carnavalet).

Affiche de « la Flèche » : *Archer tirant une flèche du haut des tours Notre-Dame.*

LA BÊTISE HUMAINE. Chez Grognet ; dépôt chez Madre. — Voir les numéros ci-dessous page 86 :

3. *L'Exécutif ou la Barbe-Bleue de 1871.*
4. *Un habile prestidigitateur.*

ACTUALITÉS GROGNET. — Voir les numéros ci-dessous page 85 :

50. *Les Boucheries.*
    Signée : *Morsabeau.*
52. *La Chasse aux Prussiens.*
    Signée : *Morsabeau.*
53. *Essayez votre adresse !* etc.
    Signée : *Morsabeau.*
59. *Souvenir du siège : le Bœuf gras en 1871.*
60. *Le Don des Anglais.*
61. *Le Départ.*
87. *Si je fais feu, ce qui m'embête,* etc.

156 LA CARICATURE POLITIQUE EN FRANCE.

Pièces de Rosambeau signées Morsabeau :

Voir les n°ˢ 50, 52, 53 des Actualités Grognet ci-dessus.
Restaurant français (1871). Imprimerie Lemaine.
Sortie sur Châtillon. Chez Grognet, imprimeur-éditeur; dépôt chez Madre.
Les Défenseurs de Paris (1870-1871). Chez Grognet :

1. *Marin.* | 2. *Garde Nationale de marche.*

Affiliation de Badinguet. Chez Grognet, éditeur-imprimeur. — Voir les numéros ci-dessous page 86 :

1. *La Branche d'Olivier* (Napoléon III). | 2. *La Belle Marguerite* (Eugénie).

Pièce signée : **A. R.**

Aux Armes, citoyens. Lithographie Janson.

Pièce signée : **A R.** (Limoges).

Gavroche, Pandore, Prudhomme. Quatre pages de dessins. Aut. Payenneville, à Limoges.

FÉLIX PYAT

ACTUALITÉ

ENFONCÉ LE PRUSSIEN !!!

PRIX 10 CENTIMES   N° 9 – 1re ANNÉE

SAHIB.

CARICATURES parues dans *Paris-Caprice*, non tirées à part :

ACTUALITÉS. — 17 croquis (n° du 23 juillet 1870). | *Une Partie de campagne de touriste*, 31 croquis (n° du 30 juillet 1870).

SAID. *Voir* LÉVY (A.)

SCHMIDT.

Vote de 1870 : *Citoyens intelligents allant voter pour Monsieur Plébiscite.* Imprimerie E. Simon; Lambert, marchand d'estampes, à Strasbourg.

Parue sous l'Empire.

SEGUIN (P.)

Bismarck dentiste de S. M. Badinguet III. Gadola, éditeur, à Lyon; lithographie Morand.

SELRAC.

Collection A. Mordret. Mordret, imprimeur-éditeur. — Voir le numéro ci-dessous page 130 :

6. *La Situation.*

SEYBOTT.

Nos Vainqueurs. *Album de 24 planches.* Berger et Levrault, éditeurs.

SHÉRER (Léonce).

Souvenirs de la Commune. Album de 29 planches, plus le titre. Chez Deforet et César; lithographie Barousse :

Titre.
1. Mon Général, faut-il battre la générale.
2. Mais c'est bien lui ! etc.
3. Qu'est-ce que vous étiez dans la Commune?
4. Eh bien, monsieur Vautour! etc.
5. D'où viens-tu? etc.
6. Le Fédéré. — Rien que du lard cru, etc.
7. V'là comme nous comprenons, etc.
8. Sous notre sainte Commune, etc.
9. Citoyen monsieur le maire, c'est-y pour de bon, etc.
10. Ah! tu n'veux pas, etc.
11. Jamais Paris n'a été si tranquille.
12. Visite domiciliaire.
13. Un pavé, citoyenne.
14. Bigre, c'est donc pas l'omnibus, etc.
15. Citoyen Général, t'as demandé des hommes!
16. Les Défenseurs du secteur.
17. Le Club des femmes.

18. *Grand Jour de gala.*
19. *Un Décret du mois d'avril.*
20. *Dis donc, Victoire, si on savait,* etc.
21. *L'homme qui était un jour appelé,* etc.
22. *On fait à savoir que la 6ᵉ Cⁱᵉ,* etc.
23. *Pour une ruine, en v'là une soignée.*
24. *Je n'ai pas toujours été misérable,* etc.
25. *Citoyens gardes nationaux, l'armée,* etc.
26. *L'Enseignement.*
27. *Tiens, un de nos délégués!*
28. *Une Arrestation.*
29. *Ne trouves-tu pas, mon vieux,* etc.

PRISE DE PARIS. Deforet et César, éditeurs. — Voir les numéros ci-dessous page 34 :

11. *Assassinat de l'archevêque de Paris.*
12. *Enterrement de l'archevêque de Paris.*
14. *Combat et prise de la place du Château-d'Eau.*
15. *Entrée de l'armée régulière.*

SOBAUX (A.)

Le Nouveau Dunois. Imprimerie Coulbœuf.
La Badinguette. Imprimerie Coulbœuf.

État différent du précédent.

SPILLS.

LA GUÊPE, journal :

1. *Les Sauveurs,* par Spills.
   Seul paru.

STAAL.

COMPOSITIONS parues dans la *Chronique illustrée,* non tirées à part :

Libres. — *A la Garde Nationale* (nº du 11-17 décembre 1870).
La Réserve (nº du 18-24 décembre 1870).
Le Cabaret (nº du 25-31 décembre 1870).
Noël (même numéro).
Le Jour de l'An aux remparts (nº du 1-7 janvier 1871).
Les Rois (nº du 8-15 janvier 1871).
Gambetta (nº du 16-22 janvier 1871).
Chanzy et l'armée de la Loire, etc. (nº du 22-29 janvier 1871).
La France sauvée par la Garde nationale (nº du 22-29 janvier 1871) (2ᵉ édition).

Reproduction de la composition : *Libres.*

Dorian (n° du 29 janvier, 4 février 1871).

Le Siège de Paris (double page; n° du 12-25 février 1871).

La Patrie en deuil (n° du 26 février-4 mars 1871).

La France impériale (n° du 5-11 mars 1871).

La Reprise du travail (n° du 19 au 25 mars 1871).

La Douleur d'un grand poète (n° du 26 mars-2 avril 1871).

Mater Dolorosa (n° du 27 août-2 septembre 1871).

Devant Brest (n° du 24-30 septembre 1871).

Le Départ des Prussiens (n° du 1-7 octobre 1871).

Paris, aux Prussiens (n° du 8-14 octobre 1871).

Au Palais de Versailles (n° du 15-21 octobre 1871).

La France a besoin de tous ses enfants (n° du 22-29 octobre 1871).

Le Portrait de l'absent (n° du 19-20 novembre 1871).

La France sauvée (n° du 27 novembre-3 décembre 1871).

Les Conséquences de la guerre civile (n° du 3-10 décembre 1871).

Prussiens et Alsaciennes (n° du 10-17 décembre 1871).

La Science allemande (n° du 28 janvier au 3 février 1872).

Les Horreurs de la guerre (n° du 4-10 mars 1872).

Même dessin que le précédent.

Hier et Demain (n° du 11-17 mars 1872).

La Libération du territoire (n° du 18-24 mars 1872).

J'ai noté, en outre des compositions parues pendant le siège et la Commune, celles parues plus tard qui s'y rapportent.

ALBUM DE LA CHRONIQUE ILLUSTRÉE. — *Guerre et Commune*. In-8. Paris, bureaux de la *Chronique illustrée*. Heymann, libraire, 1872.

13 compositions de *Staal* (tirées de la *Chronique illustrée*), plus la couverture.

STICK.

Grandeur. Adulation. Chez Prouté; dépôt chez Saillant; lithographie Lubin.

ACTUALITÉ. — *Courbet sur la colonne Vendôme*. Chez Prouté; dépôt chez Saillant; lithographie Lubin.

Une mauvaise Balançoire. Chez Prouté; dépôt chez Saillant; lithographie Lubin.

Autre temps, autres mœurs. Chez Prouté; dépôt chez Saillant; lithographie Lubin.

STOCK.

Appel à la conciliation. Saillant, éditeur; imprimerie Coulbœuf.
Le Sedan des chaumières. Saillant, éditeur; imprimerie Coulbœuf.
Les Mystères du Grand-Orient. Placard de 4 pages. Saillant, éditeur; lithographie Van Geleyn.

CÉLÉBRITÉS POPULAIRES. 13 planches parues sous l'Empire :

(Spécimen.) *Rochefort.* Plataut, éditeur; imprimerie Vallet.
1. *Garibaldi.* Plataut éditeur; imprimerie Vallet.
2. *Tante Duchêne.* Plataut, éditeur; imprimerie Vallet.
3. *Jules Vallès.* Imprimerie Dufour et Cie.
4. *La Bordas.* Imprimerie Dufour et Cie.
5. *Ulrich de Fonvielle.* Imprimerie Dufour et Cie.
6. *Gambetta.* Imprimerie Dufour et Cie.
7. *Jules Ferry.* Imprimerie Dufour et Cie.
8. *Glais-Bizoin.* Imprimerie nouvelle.
9. *Actualité : Enfoncé le Prussien.* Imprimerie Coulbœuf.
10. *Théâtre de la guerre.* Saillant, éditeur; imprimerie Coulbœuf.
11. *Le Rhin allemand.* Saillant éditeur; imprimerie Coulbœuf.
12. *Campagne de Prusse : Le pot de terre*, etc. Saillant, éditeur; imprimerie Coulbœuf.
13. *Bismarck Tartuffe*, etc. Saillant, éditeur; imprimerie Coulbœuf.

STOP.

CARICATURES parues dans les journaux-charges, non tirées à part :

1° Dans le *Charivari :*

La Marseillaise à l'Opéra (n° du 12 août 1870).
Joseph, mon fils, l'important, etc. (16 et 17 août 1870).
C'est ma mère et je la défends (23 août 1870).
L'Ère des protêts est finie, etc. (25 août 1870).
Promenade sentimentale (10 septembre 1870).
Hé là-bas, les biches, etc. (15 septembre 1870).
Et voilà l'expiation (17 septembre 1870).
Les Mobiles chez l'habitant (19 septembre 1870).
Tiens, prends, c'est celui qu'avait ton grand-père en 1814 (27 septembre 1870).
Les Cadeaux de noce de l'Allemagne à Strasbourg (1er octobre 1870).
Vous arborez la croix, etc. (4 octobre 1870).
A Cassel (5 octobre 1870).

LA CARICATURE POLITIQUE EN FRANCE.

Ils comptaient sur nos divisions, etc. (9 octobre 1870).	*Le Dîner du pauvre prisonnier* (6 décembre 1870).
La Multiplication des facteurs (4 novembre 1870).	*On dit que depuis les pluies*, etc. (5 août 1871).

2° Dans le *Journal amusant* :

Messieurs les Allemands en province, 38 croquis (9 et 16 septembre 1870).

L'AIGLE DÉPLUMÉ.

QU'UN SANG IMPUR ABREUVE NOS SILLONS!!!

TALONS.

Marche des Prussiens sur Paris (2 décembre 1870). Imprimerie Talons.

Apportant son bilan à la Société des dégommés réunis. Imprimerie Talons.

Ma chandelle est morte. Imprimerie Talons.

Tu n'iras pas plus loin. Imprimerie Talons.

Lançant son manifeste au peuple français. Imprimerie Talons.

Qu'un sang impur abreuve nos sillons! Imprimerie Talons.

Non signée, attribuée à *Talons*.

Les Aventures illustrées (sinon illustres) de Louis Verhuel, dit Bonaparte. Dépôt et vente à l'imprimerie Talons.

3 planches.

Pièces de Talons signées PATRIOTY :

CROQUIS RÉPUBLICAINS. Chez Deforet et César; imprimerie Talons :

1. *La Meute allemande à la curée.*
2. *Les Spectres : Pourquoi nous avoir fait tant souffrir.*
3. *Pas ici, général, votre place est à la barre*, etc.

TALTIMON.

Badingue au château de Wuillemshoé. En vente rue du Croissant.
Les Bâtards de Badinguet. Imprimerie Beillet.
Boucherie badingophagique. En dépôt rue du Croissant.
Un dernier coup d'œil à la France. Imprimerie Beillet; en vente et dépôt rue du Croissant.
Un dernier coup d'œuil (sic) *à la France.* Imprimerie Beillet.

    État différent.

Ce qui lui pend au nez!... Sans nom d'imprimeur ni d'éditeur.
Ce qui lui pend au nez!... Vente et dépôt rue du Croissant.

    État différent.

Les derniers moments de Napoléon le Petit. Sans nom d'imprimeur ni d'éditeur.
En chasse. Beillet, aut.
France et Prusse, vous êtes en désaccord, etc. Imprimerie Beillet.
Nouveau Calendrier politique pour 1872 (grand format). Mauger et Cappart, éditeurs; imprimerie Beillet.
Nouveau Calendrier politique pour 1872 (petit format). Chez Mauger et Cappart.
Cadran politique : Au Casque magique de Guillaume. Mauger et Cappart, éditeurs; lithographie Beillet.
Cadran politique : Au Casque magique, etc. Mauger et Cappart, éditeurs; imprimerie Giely.

    Tirage différent.

Opération chirurgicale subie par Guillaume. Saillant, éditeur; imprimerie Coulbœuf.
Problème algébrique. En vente et dépôt rue du Croissant.

2e *Problème algébrique.* Sans nom d'éditeur.
    Sans signature, attribuée à *Tallimon.*

La Réflexion d'un misérable. Sans nom d'éditeur.
Vengeance. Saillant, éditeur; imprimerie Coulbeuf.
Haute École. Imprimerie Baillet.
    Sans signature, attribuée à *Tallimon.*

Un Parlementaire prussien et nos canonniers. Imprimerie Beillet.
    Sans signature, attribuée à *Tallimon.*

Un Plat favori. Imprimerie Beillet.
    Sans signature, attribuée à *Tallimon.*

Système de l'Empire, Système républicain. Imprimerie Beillet.
    Sans signature, attribuée à *Tallimon.*

La Grenouille et le Bœuf. Dépôt et vente rue du Croissant.
    Sans signature, attribuée à *Tallimon.*

Le Règne de la Terreur. Grand placard. Imprimerie Beillet; en vente chez Francis Greppe.
    Sans signature, attribuée à *Tallimon.*

TAPDUR. *Voir* KLENCK (Paul).

TELLIAP (F.)

CROQUIS DU JOUR :

1. *Mon fils, casse-lui donc une patte aussi à ce brigand-là...* Imprimerie Talons; dépôt chez Madre.
2. *Le Nouveau Raton.* Chez Talons.
3. *Cette bonne ville de Paris vaut bien une messe.* Chez Talons.

THÉO (Ringuès).

L'Aristo de l'intelligence (1). Imprimerie Fraillery.
Le Démoc-soc de l'intelligence (2). Imprimerie Fraillery.
Urne 8 mai 1870 : Le Libéral; le Démoc-soc. Imprimerie Fraillery.
    Parue sous l'Empire.

Les Français et les Prussiens en présence. Typographie Rouge.
    Parue sous l'Empire.

PHYSIOLOGIE DES DÉFENSEURS DE LA PATRIE. Typographie Rouge :
    3 planches parues sous l'Empire.

Les Parties en présence. Mauger et Cappart, éditeurs; lithographie Fraillery.

Le Pouvoir : comment on y entre; comment on en sort. Mauger, éditeur; lithographie Fraillery.

LE RÈGNE DE L'AVENIR :

1. *Polyte Ier, roi de l'avenir.* Sans nom d'imprimeur.
2. *Mme Polyte, reine de l'avenir.* Sans nom d'imprimeur.
3. *Annexion de la France à la Prusse.* Typographie Rouge.
4. *Rang des ministres.* Typographie Rouge.

Le Siècle de Gugusse. Typographie Rouge.

Le Règne des avocats. Mauger et Cappart, éditeurs; lithographie Fraillery.

Les Couches sociales. Imprimerie Bedeau.

Les Vandales en 1871. Lithographie Desjardins, à Orléans.

Manière de se débarrasser des uhlans. Lithographie Desjardins, à Orléans.

Mme Marie Sass, chantant la Marseillaise, tiré du *Théâtre illustré.* Imprimerie Bertauts.

LES HAUTS DIGNITAIRES DE LA COMMUNE. Mauger, éditeur; imprimerie Leclercq :

1. *Vésinier.*
2. *Raoul Rigault.*
3. *Razoua.*
4. *Delescluze.*

Sans signature, attribuées à *Théo.*

TOLB.

COLLECTION WENTZELL, éditeur. — Voir les numéros ci-dessous page 169 :

1. *Les Alliés de la Prusse.*
2. *Orgue de Barbarie, nouveau système.*
11. *Bismarck, prends garde.*
12. *Fanfaronnades prussiennes.*

TREMBLAIS (De La).

Les Infâmes. Leurs œuvres. Chez Grognet.

Jeu caméléonien (Empire). Chez Grognet.

Jeu caméléonien (Commune). Chez Grognet.

PENDANT LA GUERRE ET LA COMMUNE (1870-71).

AFFILIATION DE BADINGUET. Chez Grognet; dépôt chez Madre. —
Voir les numéros ci-dessous page 86 :

- 3. *Titi-Louis.*
- 4. *Prince Napoléon.*
- 5. *Pierre Bonaparte.*
- 6. *Veuve Demidoff.*
- 7. *Émile Olivier.*
- 8. *Haussmann.*
- 9. *Fialin.*
- 10. *Rouher.*

ACTUALITÉS GROGNET. — Voir les numéros ci-dessous pages 84 à 86 :

- 32. *Charcuterie.*
- 34. *A bientôt le coup de balai.*
- 38. *Bismarck, donn'moi l'pot, chanson.*
- 39. *Guillaume à Joséphine, chanson.*
- 41. *Guillaume et Bismarck faisant le réveillon.*
- 42. *La reine Augusta vient surprendre Guillaume.*
- 43. *Cauchemar de Guillaume.*
- 47. *Pour la saison du carnaval, Guillaume se déguise en empereur d'Allemagne.*
- 51. *J'ai assez fait de besogne pour toi, etc.*
- 55. *Suzanne blessée, ou la France convoitée.*
- 56. *Le Baiser de Judas.*
- 66. *Eh bien! Vinoy, etc.*
- 67. *Combien as-tu rallié de troupes, etc.*
- 75. *Un vieux singe, etc.*
- 76. *Ah ça, mauvais Foutriquet, etc.*
- 77. *Toujours faisant face à l'ennemi.*

LES DÉSASTRES DE PARIS EN 1871. Imprimerie Badoureau.
Album de 26 planches, plus le titre.

LES RUINES DE PARIS. Chez Grognet.
19 planches, plus le titre.

RUINES DES ENVIRONS DE PARIS. Chez Grognet.
2 planches, plus le titre.

LES ÉVÉNEMENTS DE PARIS. Chez Grognet.
6 planches, plus le titre.

Le congé singulier

UNTEL (Mesplès).

Hommes politiques. — *Pouyer-Quertier*. Saillant, éditeur; lithographie Barousse.

Les Hommes politiques. — *Le général Vinoy*. Saillant, éditeur; lithographie Barousse.

    Non signée, attribuée à *Untel*.

Mr. *Rochefort*. Chez Duclaux; dépôt chez Madre; lithographie Lemaine.

Trochu refaisant son instruction. Chez Duclaux; dépôt chez Madre; lithographie Lemaine.

> Non signée, attribuée à *Untel.*

Le général Ducrot, dit Trompe-la-Mort. Chez Duclaux; dépôt chez Madre; lithographie Lemaine.

> Non signée, attribuée à *Untel.*

Le président Grévy. Chez Duclaux; dépôt chez Madre; lithographie Deplanche.

Garnier-Pagès. Chez Duclaux; dépôt chez Madre; lithographie Lemaine.

> Signée : M. E.

Le Char de l'État. Chez Duclaux; lithographie Lemaine.

> Non signée, attribuée à *Untel.*

La Nourrice de la rue Saint-Georges. Lithographie Lemaine.

ACTUALITÉS GROGNET. — Voir le numéro ci-dessous page 85 :

63. *Allons, va à l'école, petit.*

VALENTIN.

La Justice. Yves et Barret, sc.; imprimerie Ghémar.

> Tirée du *Petit Journal des Tribunaux.*

VERNIER (Ch.)

COLLECTION A. MORDRET. Mordret, éditeur et imprimeur. — Voir les numéros ci-dessous page 130 :

11. *Le Contraste : Mourir pour la Patrie.*
12. *Le Contraste : Paris avant et après la guerre* (non signée).
13. *Napoléon et Frédéric.*
14. *Prenez mon ours.*
18. *Entre les deux* (non signée).

COLLECTION A. MORDRET (oblongue). — Voir le numéro ci-dessous page 131 :

3. *Noces de Cana.*

Le Contraste. Lithographie Formstecher :

Deux Prisonniers de Sedan.
Deux Prisonniers de Sedan.
    État différent.
Deux Prisonniers de Sedan.
    Autre état. Signée : *Ch. V.*

Mourir pour la patrie.
    État différent du n° 11 de la collection Mordret.
Paris avant et après la guerre.
    État différent du n° 12 de la collection Mordret.

Pièces de Ch. Vernier signées Courtoujours :

Collection A. Mordret. Mordret, éditeur et imprimeur. — Voir les numéros ci-dessous, page 130 :

9. *Elle.*
15. *Le Futur Gouverneur de Paris.*
16. *Avis aux électeurs.*
17. *Mon p'tit neveu.*

VIDAL.

Protestation de Badinguet. Rouher gnaf. Chez Duclaux; dépôt chez Madre.

Les Points noirs de Badinguet. Chez Duclaux; dépôt chez Madre; imprimerie Deplanche.

Les Points noirs de Badinguet. Chez Duclaux; dépôt chez Madre; lithographie Lemaine.
    Tirage différent. Sans signature.

Nous mourrons pour toi, ô France. Chez Duclaux; dépôt chez Madre; imprimerie Deplanche.
    Signée : *E. V.*

Aux martyrs de la Liberté. Chez Duclaux; dépôt chez Madre; imprimerie Deplanche.
    Grande analogie avec la précédente. Sans signature.

VIERGE.

Le Congé singulier. Imprimerie Fraillery.
    Sans signature, attribuée à *Vierge.*
    Très rare.

A tous les cœurs bien nés que la patrie est chère ! Sans nom d'imprimeur ni d'éditeur.

> Sans signature, attribuée à *Vierge*.
> Très rare.

Dernière Accroche de Badinguet. Lithographie Butot.

> Sans signature, attribuée à *Vierge*.

Vie et prouesses de Napoléon le Petit. 24 croquis. Lithographie Butot.

> Sans signature, attribuée à *Vierge*.

VIVALDS.

La République universelle. Imprimerie Mouton, à Marseille.

VOLF (A.)

La Réussite. Paris, 1871. Sans nom d'éditeur ni d'imprimeur.

> Très rare.

WENTZELL, éditeur.

Série de 14 numéros :

1. *Les Alliés de la Prusse,* par L. Tolb.
2. *Orgue de Barbarie, nouveau système,* par L. Tolb.
3. *Toutes les palayeurs,* etc., par James.
4. *Effet de mitrailleuses,* par James.
5. *Un effet de sécheresse,* par James.
6. *Courses de 1870,* par James.
7. *Et dire qu'il y a un tas de lascars,* etc., par James.
8. *Eh bien me voilà bien mise,* etc., par James.
9. *La Landrolle,* par James.
10. *A propos,* etc., par James.
11. *Bismarck, prends garde,* par Tolb.
12. *Fanfaronnades prussiennes,* par Tolb.
13. *L'Escadre prussienne commence,* etc., par James.
14. *Ah ! ce Prussien de malheur,* par James.

> Collection parue sous l'Empire.
> Les numéros 13 et 14 sont de toute rareté.

WILLAEYS.

Manifestation de la Franc-Maçonnerie, 29 avril 1871. Willaeys, del. et lithographe; lithographie Grandjean et Gascard.

XIAT. *Voir* NÉRAC.

ZUT. *Voir* LE PETIT (Alfred).

ANONYMES SANS ATTRIBUTION DE DESSINATEUR

La Foire de Versailles. Michel, éditeur; lithographie Barousse.
Ils montaient, montaient toujours. Papeterie Guérin et Robert; imprimerie Gandremy.
Adieu, riant pays de France. Sans nom d'éditeur ni d'imprimeur.
    Imprimée en sanguine.
Trochu. Sans légende, sans nom d'éditeur ni d'imprimeur.
    Pièce unique. Collection Bryndza.

Thiers en Sphynx. Sans légende; imprimerie Delâtre.
 Caricature gravée à l'eau-forte.

Derrière le rideau : Ils auront de la peine à le reboulonner. Sans nom d'éditeur ni d'imprimeur.
 La légende est manuscrite. Collection Sarlande.

Les Blagueurs. Chanson. Imprimerie Trinocq.

C'est pas vrai. Démenti donné à la Prusse. Chanson. Chez Matt; imprimerie Bertauts.

Thermomètre-Actualité. Autographie L. Paul; lithographie Gentil Gillot.

Les Vertus de Guillaume. Chanson-placard. Chez Mme Vve Roger; typographie Morris.

Complainte lamentable du vrai Suisse errant, etc. En vente à l'imprimerie Rigo, F. Delocodre.

Complainte de la Commune. Mauger, Cappait, éditeurs; imprimerie Leclercq.
 Signée : *G. O. Graphy.*

Congé définitif.
 Il y a eu un grand nombre de « Congés définitifs »; j'en ai trouvé sept types différents, dont un lithographié. La lithographie a paru sur papier de différentes couleurs. Les autres ont été édités à la fois à Paris et dans un grand nombre de villes de France.

Testament authentique de Napoléon III. Brochure de 12 pages. Lithographie Fournier.
 Sur la couverture une très belle caricature.

En-tête de la *Grande colère de Jacques Bonhomme.* Imprimerie Schiller.

Série de 5 caricatures in-18 sur Napoléon III. Sans légende.
 Collection F. Wurtz.
 Cette série est probablement une imitation des caricatures allemandes du *Kladderadatsch.*

ANONYMES SANS ATTRIBUTION DE DESSINATEUR

PARUES DANS LES JOURNAUX-CHARGES
(NON TIRÉES A PART)

1° Dans le *Grelot :*

Les Misérables (n° du 13 août 1871).

2° Dans la *Vie Parisienne* :

Départ d'Afrique pour l'armée du Rhin, 4 croquis (n° du 20 août 1870).
Tuez-nous donc, bouchers (n° du 27 août 1870).
Français et Prussiens. Scènes de guerre, 12 croquis (même numéro).
Une dernière visite au camp de Saint-Maur (même numéro).

3° Dans l'*Univers illustré* :

Le Génie de la France lui montre son étoile (n° du 11 février 1871).

ANONYMES ÉROTIQUES

L'*Éducation d'un Prince*. Sans nom d'éditeur ni d'imprimeur.

Musée antiplatonique. Sans nom d'imprimeur ni d'éditeur :

Faust et Marguerite Bellanger.

N° 1, seul paru.

Galerie érotique. Sans nom d'imprimeur ni d'éditeur :

Le Pape accordant la rose d'or à Eugénie, etc.

N° 1, seul paru.

Prép... contemporains. Sans nom d'imprimeur ni d'éditeur :

1. *Badingue pendant une soirée*, etc.
2. *Mme Badingue use d'un heureux stratagème*, etc.
3. *Badingue lie connaissance*, etc.

ANONYMES AVEC ATTRIBUTION DE DESSINATEUR

ALEXIS.

Entrée du Charlemagne moderne. Saillant, éditeur; lithographie Barousse.

ALIX.

Enfance de Bismarck. Saillant, éditeur; imprimerie Coulbœuf.

ALLARD-CAMBRAY.

Vois-tu bien, etc. Madre, éditeur; lithographie Barousse.

AMELOT.

Paris guidé par la Liberté relève Strasbourg. Lithographie Caillot.

ANCOURT.

Conseil aux peuples, etc. Sans nom d'éditeur.
Grande marche de la Prusse. Imprimerie Fraillery.

BAUDET.

La Badinguette. Chanson. Dépôt chez Madre; imprimerie Grognet.
Comment, coquin, tu vas manger, etc. (Actualités Grognet, n° 5.)
Une entrée à Berlin, etc. (Actualités Grognet, n° 6.)
Une fuite en Égypte, etc. (Actualités Grognet, n° 7.)
Le Jeu de quilles. (Actualités Grognet, n° 8.)
Quand on a tout perdu, etc. (Actualités Grognet, n° 9.)
Les Sabots et les Toupies du jour. (Actualités Grognet, n° 15.)
Ils ne tenaient plus qu'à un fil. (Actualités Grognet, n° 16.)
Ah! çà, dis donc, mon vieux Guillaume, etc. (Actualités Grognet, n° 17.)
Regrets d'une jolie femme. (Actualités Grognet, n° 20.)
Regarde donc Fleury, ma femme. (Actualités Grognet, n° 23.)
Comment, je vous dis de me peindre, etc. (Actualités Grognet, n° 26.)

BAYLAC.

Badinguette. Chanson. Chez L. Paul; lithographie Lemaine.
Badinguette. Se trouve chez Claverie.

État différent.

Badinguette. En vente chez Claverie.

Autre état.

L'Andalouse. Chanson. Chez L. Paul; imprimerie Lemaine.
Les Nouveaux Châtiments ou les Lauriers sanglants. Frontispice.
Sans nom d'éditeur ni d'imprimeur.

COINDRE.

Pamphlets illustrés. Saillant, éditeur; imprimerie Balitout.

3 numéros.

CORSEAUX.

CRITIQUE. *Dans une tour obscure*, etc. Dépôt chez Madre; lithographie Lemaine.
Badinguet et sa clique.
Croquis du jour. Nos 1 et 3.
Impuissance de Badinguet. Sans nom d'imprimeur ni d'éditeur.
Le Musée de la nature. N° 1. Sans nom d'imprimeur ni d'éditeur.
Ne craignez rien, mon enfant, etc. Sans nom d'imprimeur ni d'éditeur.
Les Occupations d'un saint homme. Sans nom d'imprimeur ni d'éditeur.
La Pêche. Sans nom d'imprimeur ni d'éditeur.
Qu'elle est jolie! Sans nom d'imprimeur ni d'éditeur.
Le Baiser de Judas. Sans nom d'imprimeur ni d'éditeur.
Le Bain. Sans nom d'imprimeur ni d'éditeur.
Divertissement de ces messieurs. Sans nom d'imprimeur ni d'éditeur.
Je crois que je vais l'être. Sans nom d'imprimeur ni d'éditeur.
  Transparent.
Je suis sûr de l'être. Sans nom d'imprimeur ni d'éditeur.
  Transparent.
L'Hydre et la France. (Types du jour de la Collection Grognet, n° 3.)
Rien ne l'arrêtera. (Types du jour de la Collection Grognet, n° 4.)
L'Armée et la Commune. (Types du jour de la Collection Grognet, n° 4.)
C'est égal, la journée ne sera pas bonne. (Types du jour de la Collection Grognet, n° 7.)
Arrière, tyrans! (Types du jour de la Collection Grognet, n° 9.)

DEMARE.

A Saint-Denis les drôlesses... Dépôt chez Madre; lithographie Barousse.

DICTYS (V.)

France, debout! Sans nom d'imprimeur ni d'éditeur.

DREUX (A.)

Médailles et revers. Chez Bellavoine; dépôt chez Madre.
> 9 planches.

Œuf de Pâques, 1871. Chez Bellavoine; dépôt chez Madre.
> 1 planche.

DUBOIS.

Paris sous la Commune. Imprimerie J. Moronval; dépôt central de l'Imagerie populaire.
> 12 planches.

DUTASTA.

Sire, un enfoyé temante, etc. (Actualités Grognet, n° 1.)
La France, en voilà-t-il, etc. (Actualités Grognet, n° 2.)
> Le premier tirage est signé.

Ouf, le peau cateau, etc. (Actualités Grognet, n° 3.)

FAUSTIN.

Une querelle dans le ménage. Imprimerie Coulbœuf.
Les 1000 binettes. Chez Strauss; imprimerie Coulbœuf.
La princesse Mathilde. Saillant, éditeur; lithographie Barousse.
La Poule. Lithographie Lemaine.
> Il existe des états signés F.

Les Trois Grâces. Lithographie Barousse.
ACTUALITÉ. — *Le frère à Arthur.* Chez Duclaux; lithographie Lemaine; dépôt chez Madre.
ACTUALITÉ. — *A bas les pattes* (n° 3 de la *Famille à Riquiqui*).
Les Amazones de la Seine. Imprimerie Coulbœuf.
> Il existe un état signé.

Nos Grands Généraux.

> Dans cette suite les n°s 1, « Ducrot », et 4, « Chanzy », ne sont pas signés.

Sa Sainteté le pape déménage. Chez Plataut; lithographie Coulbœuf.

Badingue chez le bon Dieu. Chez Duclaux; lithographie Lemaine.

Conseils d'une vieille punaise, etc. Duclaux, éditeur; imprimerie Barousse.

Les Guillotines.

> 4 planches. Voir Faustin.

Tableau de Paris, n° 3. Lithographie Lemaine.

FERRAT.

La Vision de l'infâme. Saillant, éditeur; imprimerie Lemercier.
Emblèmes patriotiques. Saillant, éditeur; imprimerie Lemercier.
L'Œuvre de Satan. Saillant, éditeur; imprimerie Lemercier.

FRONDAS (De).

Les Voyageurs pour Cassel, en voiture! Saillant, éditeur; lithographie Barousse.

> Le premier tirage est signé.

1848. Pas le sou. Saillant, éditeur; lithographie Barousse.

> Le premier tirage est signé.

La Fin d'un traître. En vente chez Duclaux; lithographie Lemaine.

> Il y a des tirages signés D.

La Marchande de poissons. Saillant, éditeur; imprimerie Coulbœuf.

La Marchande de poissons. Imprimerie Barousse.

> Autre état.

Béguins et béguines. Sans nom d'éditeur ni d'imprimeur.
Nos Bons Curés. Sans nom d'imprimeur ni d'éditeur.
Les Palinodies d'un homme d'État.

> Non mise dans le commerce.

Robert-Macaire essayant la défroque royale.

    Non mise dans le commerce.

La Belle Adolphine.

    Non mise dans le commerce.

GILL.

La Complainte de Badinguet. Typographie Rouge.

HADOL.

Entrée triomphale des Prussiens à Paris. In-fol. Gilbert, lithographe; E. Bulla, éditeur.
Entrée triomphale des Prussiens à Berlin. In-fol. Gilbert, lithographe; E. Bulla, éditeur.
Les Saltimbanques. In-fol. Imprimerie Lemercier; E. Bulla, éditeur.
La Parade. In-fol. Imprimerie Lemercier; E. Bulla, éditeur.

HERLUISON.

Union d'une tendre vierge, etc. Imprimerie Lemaine.
Union d'une tendre vierge, etc. En vente, 61, rue de Cléry.

    Etat différent.

La France ou la vie. Imprimerie Lemaine.
La France ou la vie. En vente, 61, rue de Cléry.

    Etat différent.

L'Escamoteur. Imprimerie Lemaine.
Les Peuples sont égaux sous le pressoir. Imprimerie Lemaine.

HOLB.

Aux deux Amis. Chez Duclaux; imprimerie Coulbœuf.
Le jeune Louis, etc. Chez Duclaux; dépôt chez Madre; imprimerie Coulbœuf.

HOUSSOT.

Nos Députés. Chez Matt.
Testament de Badinguet. Chez Matt; imprimerie Vert.

HUMBERT.

Testament de Napoléon III. Imprimerie Coulbœuf.

JOB.

Les Fantoches de l'Internationale. Imprimerie Lemercier.

KLENCK (P.)

Une soirée chez Mme Thiers. Imprimerie Talons.
Les Filles prostituées : La Faere. Sans nom d'imprimeur.
Fantaisie. Imprimerie Talons.
Actualité. *La Débâcle.* Imprimerie Talons.
Profils politiques : N° 3. *Monseigneur de Chambord.* Sans nom d'éditeur.

KRETZ.

Pauvre Propriétaire. Madre, éditeur; lithographie Barousse.
Au château de Versailles. Madre, éditeur; lithographie Barousse.

PAUL (L.)

Casse-tête républicain. M. Paul, éditeur.
Fameux problème algébrique et politique. Lithographie L. Paul.
Fameux problème, etc. Imprimerie A. Blanc.
    Tirage différent.
Problème politique amusant. Imprimerie Hillekamp.
Surprise. Paul, éditeur; J. Blaze, imprimeur.

PÉPIN.

Bon Voyage, Monsieur Badinguet. Typographie Rouge.

Bon Voyage, etc. Vendu par Dessendier.
>Etat différent.

Bon Voyage, etc. Sans nom d'imprimeur.
>Autre état.

Polisson. Vendu par Dessendier.

Types et uniformes de l'armée prussienne. G. Richard, éditeur; imprimerie Alcan-Lévy.

PESCHEUX.

Aventures de Sabre-de-Bois. Dépôt chez Madre; lithographie Barousse.
>24 planches.

PILOTELL.

Sous l'Empire : l'Éducation d'un prince. Sans nom d'imprimeur ni d'éditeur.

Ventre affamé n'a pas d'oreilles (n° 4 des *Actualités*). Chez Deforet; imprimerie Talons.
>Il existe un autre tirage signé.

POUDRE et MATIGO.

Qui se ressemble s'assemble. Saillant, éditeur; imprimerie Coulbœuf.

Qui se ressemble s'assemble. Saillant, éditeur; lithographie Barousse.
>Tirage différent.

Badingue pour trouver Eugénie, etc. Saillant, éditeur; lithographie Barousse.
>Il y a un autre tirage signé.

RENAULD.

Ruine Publique sœur de l'An père. Imprimerie Roche.

RENAUX.

La Commune : Souvenirs de 1871. J. Michel, lithographe.

TALONS.

Qu'un sang impur abreuve nos sillons! Imprimerie Talons.

TALTIMON.

Haute École. Imprimerie Beillet.
Un Parlementaire prussien. Imprimerie Beillet.
Un Plat favori. Imprimerie Beillet.
Système de l'Empire, Système républicain. Imprimerie Beillet.
La Grenouille et le Bœuf. Dépôt rue du Croissant.
Le Règne de la terreur. Imprimerie Beillet.
? Problème algébrique. Sans nom d'imprimeur.

THÉO.

Les hauts dignitaires de la Commune. Manger, éditeur; imprimerie Leclercq.
4 numéros.

UNTEL.

Trochu refaisant son instruction. Chez Duclaux; dépôt chez Madre; lithographie Lemaine.
LES HOMMES POLITIQUES : *Le général Vinoy.* Saillant, éditeur; lithographie Barousse.
Le Char de l'État. Chez Duclaux; lithographie Lemaine.

VERNIER (Ch.)

Le Contraste : Paris avant et après la guerre. Mordret, éditeur.
Entre les deux : Paris avant et après la guerre. Mordret, éditeur.

VIDAL.

Les Points noirs de Badingue. Chez Duclaux; lithographie Lemaine.
Aux Martyrs de la liberté. Chez Duclaux; imprimerie Deplanche.
Une partie de billard au cercle Impérial. (Actualités Grognet, n° 33.)

VIERGE.

Le Congé singulier. Imprimerie Fraillery.
A Tous les cœurs bien nés que la patrie est chère! Sans nom d'imprimeur ni d'éditeur.
Dernière Accroche de Badinguet. Lithographie Butot.
Vie et prouesses de Napoléon le Petit. Lithographie Butot.

RETOUR DES EXILÉS.
Tous les fers tombent, toutes les portes s'ouvrent.

ANONYMES ÉDITÉES EN PROVINCE

I. ANONYMES ÉDITÉES A LYON

1° Sans nom d'imprimeur ni d'éditeur :

Menu du déjeuner du roi de Prusse.
Véritable portrait du célèbre Mandrin couronné.
Une ripaille à Wilhemshoë.
Le Char impérial : mauvais attelage.
Départ pour la Syrie : Eugénie, Badinguet et sa suite.
Partant pour la Syrie.
L'ex-Napoléon III à la recherche d'un trône.
Les coulisses de la réaction.
Badinguet philosophe.
Bon voyage, Monsieur Badinguet!
Avis aux peuples sur les rois.

Banquet d'ignobles convives à Wilhemshoë.
Le jeune Badinguet s'en allant en guerre.
Une réunion de famille.
Peuples! voyez ce que sont les rois.
Le Voyage de Syrie : première halte de la caravane.
Un peu plus tôt, un peu plus tard.
Le sire de Badinguet partant pour la Syrie.
Dumollard, Troppman, Badinguet.
Un pauvre petit trône, s. v. p.
Le roi Guillaume traité par le célèbre docteur Canon.

Badinguet ci-devant empereur dans une position assez délicate.
Badinguet utilisant ses loisirs au sevrage des bébés.
La différence du petit Jésus au petit Badingué.
Chemin de fer : l'avenir des monarques.

Jacques Bonhomme et son cochon.
Un mât de cocagne remué par le vent d'Est.
Proposition du roi de Prusse à la République française.
Boléro espagnol donné par Badinguette.

2° ANONYMES. Bernasconi, éditeur; imprimerie Blein :

Bismarck dentiste de S. M. Badinguet III.
Une réunion de famille.
Départ pour Cassel après vingt années de pillage.

Que le solitaire de Caprera, etc.
Conserves au vinaigre.
Hôpital Salle Eugénie.

3° ANONYMES. J.-A. Gadola, éditeur; lithographie Morand :

La situation. | Pauvre comme Job.

4° *Carte du théâtre de la guerre.* Conchon, éditeur.

II. ANONYME ÉDITÉE A ROUEN

Badinguet allant à la guerre, Badinguet revenant de la guerre. Lithographie Bernheim.

III. ANONYMES ÉDITÉES A ÉPINAL

Voir PELLERIN, éditeur.
Voir PINOT ET SAGAIRE, éditeurs.

IV. ANONYMES ÉDITÉES A MARSEILLE

Voir MARTAIN ET REY, éditeurs.

V. ANONYMES ÉDITÉES A METZ

Mitrailleuse et Chassepot. Imagerie Didion.
La Leçon d'équitation. Imagerie Didion.
Ceinture Bismarck. Imaginerie Didion.
Gargantua II. Imagerie Didion.

188   LA CARICATURE POLITIQUE EN FRANCE.

VI. ANONYME ÉDITÉE A NANCY

Ménagerie impériale. Lithographie Prévot.

VII. ANONYME ÉDITÉE A ANGERS

Ehch Lambert! Partant pour la Syrie. Sans nom d'éditeur.

PROVINCE

AMIENS

GÉDÉON. — *Nos vainqueurs*, 13 planches. Voir page 74.

ANGERS

Eheh Lambert! Partant pour la Syrie. Voir page 188.

BORDEAUX

Amorousmau, éditeur. Voir page 3.
Albert Artigue. — *Gouvernement de la Dépense nationale.* Voir page 7.
J. M. (Jules Marie). — *Une allocution paternelle.* — *A propos de congé.* — *École préparatoire.* — *Fantasia.* Voir page 121.
L. Paul. — *Promenade triomphale à travers l'Allemagne.* — *Les Grenouilles qui demandent un roi.* Voir page 140.
Hippolyte Pradelles. — *Nos bons Allemands.* 12 planches. Voir page 147.

ÉPINAL

Pellerin, éditeur. Voir pages 141-142.
Pinot et Sagaire, éditeurs. Voir page 146.

GENÈVE

La Férule. Feuillet album. Imprimerie Escoffier...

LIMOGES

Gavroche, Pandore, etc. Signée : A. R. Voir page 156.

LILLE. *Voir* BELGIQUE

LYON

Anonymes. Sans désignation d'imprimeur ni d'éditeur. Voir pages 186-187.
Anonymes. Bernasconi, éditeur. Voir page 187.
Anonymes. Gadola, éditeur. Voir page 187.
Gaillard. Voir page 73.
P. Seguin. Voir page 158.

La République Illustrée, journal.

<blockquote>Je n'ai eu entre les mains que le nº 12, avec cette caricature : « Cire, mon frère », sans signature, *Maubert sculp.*</blockquote>

MARSEILLE

Mosnier. — *Le Gibet.* Voir page 136.
Martais et Rey, éditeurs. Voir page 121.
Vivalds. — *République universelle.* Imprimerie Mouton. Voir page 171.

METZ

Anonymes. Voir page 187.

MOULINS

Pépin. — *Manifeste du comte de Chambord.* — *Moulins à vol d'oiseau.* Voir page 142.

NANCY

Anonyme. Voir page 188.

ORLÉANS

Théo. — *Les Vandales en 1871.* — *Manière de se débarrasser des uhlans.* Voir page 166.
Th. Guérin. *Profession de foie d'un vrai démoc-soc.* Voir page 87.

PONT-A-MOUSSON

Cortège d'un délégué. Imprimerie Haguenthal.

ROUEN

Anonyme. Voir page 187.

STRASBOURG

Schmidt. — *Vote de 1870*. Voir page 158.

TOULOUSE

Ka-Mill. — *Henry ou le Bélisaire*. Voir page 96.

FLOURENS

TABLE DES SÉRIES

	Pages
Alexis. — *Actualités*. 2 planches.	2
Amorousmar, éditeur. — 9 planches non numérotées.	3
Andrieux. — *Souvenirs d'un assiégé*. 30 planches.	4

	Pages.
Balsamo (Louis). (Corseaux). — *Croquis du jour.* 5 planches. .	29
Bar (G.). *Actualité,* 2 planches numérotées.	8
Baylac (A.). — *Les Girouettes.* 4 planches non numérotées. . . .	11
Belloguet (A.). — *Pilori-Phrénologie.* 13 planches.	12
— *Pilori-Éternel.* 3 planches.	12
— *Pilori-Capitole.* 1 planche.	13
— *Phrénologie-Topographie.* 2 planches.	13
— *Fantaisies satiriques.* 4 planches.	13
— *Épisodes du second siège.* 2 planches.	13
Bertall. — *Les Communeux.* 1871. Album de 34 planches, plus le texte.	14
— *The Communist of Paris.* 1871. Édition anglaise. 40 planches, plus le texte.	15
Brutal. — Série de 6 planches.	18
Cham. — *Les Folies de la Commune.* Album de 19 planches, plus le titre.	19
Cham et Daumier. — *Album du Siège.* Recueil de caricatures publiées pendant le siège dans le *Charivari*. Album de 38 planches, plus le titre. . . . . 20 et 34
Chouquet (L.). — *Pendant la Commune.* 3 planches non numérotées.	25
— *Les Résultats.* 7 planches.	26
— *Les Hommes du jour,* 1 planche.	26
Coindre (Victor). — Série de 19 planches numérotées.	26
— *Musée satirique.* 5 planches.	26
— *Pamphlets illustrés.* 3 numéros.	27
— *Avant et après l'incendie.* Album de 12 planches, plus la couverture.	27
Corseaux (J.). — *Nudités.* Série de 9 planches.	28
— *Deux transparents.*	28
Courtaux (E.). — *La Grande Crucifiée.* 9 planches.	29
Deforet et César, éditeurs. — *Prise de Paris.* 19 planches. . .	34
Demare (H.). — *Le Blagorama.* 1 planche.	35
— *Le Blagorama.* In-4. 1 planche.	35
— Série en vente chez Plataut. 25 planches.	35
— *Nos Impôts.* 6 planches.	36
— *Nos Vainqueurs.* 4 planches.	36
Denlau (L.). — *Les Prussiens à Paris.* 6 planches (les nos 1 et 2 n'ont pas paru).	37
Doteul (A.). — *Galerie satirique.* 1 planche.	38
Draner. — *Paris assiégé.* Album de 31 planches, plus le titre. .	38
— *Les Défenseurs de la capitale.* Album de 31 planches, plus le titre.	39
— *Les Soldats de la République.* Album de 31 planches, plus le titre.	40

PENDANT LA GUERRE ET LA COMMUNE (1870-71). 195

Pages.

Dreux (A.). — *Médailles et revers.* 9 planches non numérotées.. 42
Dupendant. — *Les Châtiments.* 6 planches.. 43
— *Les Défenseurs de la Commune.* 2 planches. 44
— *Série de 9 planches numérotées* 44
Évrard (Émile). — *Le Lampion.* 5 numéros.. 45
Faustin. — *Maître et Valet* (et *La suite aux Valets*), 2 planches. 56
— *Les Hommes du jour.* 3 planches. 56
— *Figures contemporaines* et *Figure de sire.* 4 planches. 56
— *Nos Grrrrands Généraux.* 4 planches. 57
— *La Famille à Riquiqui.* 6 planches. 57
— *Les Hommes d'Église.* 4 planches; la planche 3 est seule numérotée. 57
— *1871.* 3 planches dont un numéro spécimen. 56
— *Le Musée-homme.* 16 planches. 57
— *Le Musée comique.* 5 planches.. 57
— *Paris bloqué.* 24 planches.. 58
— *Les Femmes de Paris assiégé.* 8 planches. 58
— *Les Nouveaux Impôts.* 8 planches. 58
— *Tableau de Paris.* 4 planches. 63
— *Guillotines.* 5 planches. 63
Félon. — 5 planches non numérotées. 64
Fitozel (P. Klenck). — *Les Crimes de l'exécutif.* 2 planches.. 105
Flambart. — Série. 9 planches numérotées. 64
Frondas (De). — *La Puce en colère.* 4 numéros.. 69
— *Paris garde national.* 10 planches.. 69
— *Paris incendié.* 6 planches. 70
— *Marrons sculptés.* 27 planches numérotées, plus le titre; il y a des numéros 15 bis et 16 bis; en tout 30 planches avec le titre.. 70
Gabillaud (L.). *Les Refrains de la rue.* Chansons. 11 pièces; les 5 premières seules sont numérotées. 72
— *Album révolutionnaire de 1871.* 5 planches 73
Gaillard fils. — *L'Actualité.* 3 planches. — *Suppléments de l'Actualité.* 4 planches. 73
Gédéon. — *Nos Vainqueurs.* 13 planches, plus le titre.. 74
Gill (A.). — *Suppléments de l'Éclipse.* 5 planches 78
— *Les Douze dessins pendant le Siège de Paris.* 78
— *Les Hommes du Jour.* Série de 8 caricatures parues dans le *Charivari*, non tirées à part.. 77
Grognet, éditeur. — *Actualités.* 87 planches. 83
— *Affiliation de Badinguet.* 10 planches.. 86
— *La Bêtise humaine.* 4 planches.. 86
— *Types du jour.* 11 planches; il y a 2 planches n° 6, en tout 12 planches. 86
Hadol. — *La Ménagerie impériale.* 31 planches, plus le titre... 89

	Pages.
Imagerie populaire (Dubois). — *Paris sous la Commune.* 12 planches non numérotées	42
Job (Frédéric). — *Les Communeux peints par eux-mêmes.* 3 planches	96
Juvénal (de Frondas). — *Le Pilori de 1871.* 6 planches.	70
Klenck (Paul). — *La Calotte.* 7 planches	100
— *Le Calotinoscope.* 2 planches (dessins inédits).	101
— *La Commune.* 74 planches, plus le titre ; il y a 2 numéros 37, en tout 76 planches, y compris le titre.	102
— *Les Bénisseurs.* 2 planches.	101
— *Musée burlesque.* 4 planches.	101
— *Panorama comique.* 4 planches.	101
— *Profils politiques.* 5 planches.	101
— *Les Crimes célèbres.* 2 planches.	101
— *Galerie politique.* 1 planche.	102
— *Panorama anti-bonapartiste.* 1 planche.	102
— *Les Valets de l'Empire.* 9 planches et 2 dessins inédits.	100
— *Le Versailloscope.* 1 planche.	101
Le Petit (Alfred). — *Suppléments de la Charge.* 17 numéros ; il y a 2 numéros 15, en tout 18 numéros, plus le titre : « Album de la Charge. »	112
— *Les Hommes de la Commune.* 10 planches.	113
— *Fleurs, fruits et légumes du jour.* 31 planches plus le titre	113
Lewis. — *Les Femmes de la Commune.* 1 numéro	117
M. (J.) (Jules Marie). — *Fantasia.* 6 numéros.	121
Mailly. — *A travers le Rhin.* 5 planches	120
— *Le Pilori.* 31 planches, plus le titre.	120
Marcia (Renaux). — *Les Communards.* 2 planches.	153
Marcilly (G. de). *Agonie de la Commune.* 10 planches, plus le titre.	120
Martial. — *Les Prussiens chez nous.* 12 planches.	122
— *Les Femmes de Paris pendant le siège.* 12 planches.	122
— *Les Marins de la défense de Paris.* 16 planches.	122
— *Pendant le siège.* 12 planches.	122
— *Paris incendié.* 12 planches.	122
— *Paris sous la Commune.* 12 planches.	122
Moloch. — *Les Prêtres.* 29 planches.	127
— *Actualités.* 8 planches ; les planches 3, 4 et 5 sont seules numérotées.	124
— *La Scie.* 2 numéros.	128
— *Les Binettes du jour.* 2 numéros	124
— *Hommes d'État.* 1 numéro.	127
— *Hommes politiques.* 1 planche (n° 5 seul paru)	124
— *Revue de la semaine.* 1 numéro.	124
— *La sainte Messe.* 1 numéro.	128

PENDANT LA GUERRE ET LA COMMUNE (1870-71).

Pages.

Moloch. — *Les Silhouettes de 1871.* 26 numéros. 129
— *Badingoscope.* 7 numéros. 129
— *LL. Ex Ex. les Automédons.* 24 numéros. 129
— *Les Fils de Cerbère.* 19 numéros. 129
— *Paris dans les caves.* 39 numéros, plus le titre. 128
Mordret, éditeur. — *Série de 18 planches numérotées.* . . 131
— *Série oblongue.* 3 planches. 131
— *La Commune* (E. C. et F. M.). 55 planches, plus le titre. . 132
Morsabeau (Rosambeau). — *Les Défenseurs de Paris.* 2 planches. 136
Nérac. — *Les Signes du Zodiaque.* 12 planches. 137
— *Les Communeux.* 6 planches. 138
Nix (Demare). — *Communardiana.* 15 planches, plus le titre. . 36
P. (R.) — *Mystères de la Commune.* 1 planche. 149
Patrioty (Talons). — *Croquis républicains.* 3 planches. . . 161
Pépin. — *Types et uniformes de l'armée prussienne.* 2 planches. 143
Pescheux. — *Les Aventures de Sabre-de-Bois.* 24 planches, titre compris. 144
Pilotell. — *Actualités.* 23 planches; il y a deux numéros 5, en tout 24 planches. 145
— *Les Canonniers de la République.* 1 planche. 145
— *Pièces authentiques.* 1 planche. 145
— *Les Amours des prêtres.* 2 numéros sur une seule planche. 145
— *Avant, pendant et après la Commune.* 19 eaux-fortes, plus le titre et les tables. 147
— *Les Représentants en représentation.* 5 planches. 146
— *Croquis révolutionnaires.* 5 planches. 146
— *La Caricature politique.* Journal, 6 numéros. 146
Pipp et Trilby. — *La Commune burlesque.* 2 numéros . . . 147
Pradelles (H.). — *Nos bons Allemands.* 12 planches 148
Quillenbois. — *Actualités grotesques.* 4 planches 149
Renaudin (Collection SANGLIER). — *Série de 8 planches*; les planches 7 et 8 sont seules numérotées. 152
Renaux (Éd.). — *La Critique.* 2 planches. 153
Rosambeau. — *Profils et binettes.* 4 planches. 155
Saïd (ALBERT Lévy). — *Actualités.* 3 planches. 116
— *Au jour le jour.* 5 planches. 117
— *Les Hommes politiques.* 1 planche. 116
Seybott. — *Nos Vainqueurs.* Album de 24 planches. 158
Shérer (LÉONCE). — *Souvenirs de la Commune.* Album de 29 planches, plus le titre. 158
Stock. — *Célébrités populaires.* 13 planches, plus le numéro spécimen. 161
Talons. — *Aventures de Louis Verhuel.* 3 planches. 163
Tapdur (PAUL Klenck). — *L'Attrapilyposcope.* 4 planches et 4 dessins inédits. 106

198 LA CARICATURE POLITIQUE EN FRANCE.

	Pages.
Telllap (F.). — *Croquis du jour.* 3 planches.	165
Théo (Ringuès). — *Le Règne de l'avenir.* 4 planches	166
— *Les hauts dignitaires de la Commune.* 4 planches.	166
— *Physiologie des Défenseurs de la Patrie.* 3 planches	165
Tremblais (de la). — *Désastres de Paris.* 26 planches, plus le titre.	167
— *Ruines de Paris.* 19 planches, plus le titre.	167
— *Ruines des environs de Paris.* 2 planches, plus le titre.	167
— *Les Événements de Paris.* 6 planches, plus le titre.	167
Vernier (Ch.). — *Le Contraste.* 3 planches non numérotées dont 2 dans la collection Mordret.	170
Wentzell, éditeur. Série de 14 planches.	171
Xiat (Nérac). *Les Indispensables.* 3 planches.	138

SÉRIES ÉROTIQUES

Musée antiplatonique. 1 planche.	175
Galerie érotique. 1 planche.	175
Prép... contemporains. 3 planches.	175

TABLE DES JOURNAUX-CHARGES

L'*Actualité*, par Gaillard fils. 3 numéros (mars-avril 1871). 4 suppléments.

L'*Alarme*, par H. Demare. Un numéro spécimen, sans date.

La *Caricature politique*, par Pilotell (février-mars 1870). 6 numéros.

La *Chanson illustrée* (du 28 mars 1869 en septembre 1870). Dessinateur principal : Hadol.

La *Charge*. Dessinateur principal : Alfred Le Petit (du 13 janvier au

24 septembre 1870). 13 numéros de la 1re série, 24 numéros de la 2e série et 17 suppléments, à partir du 24 septembre.

Le Charivari, journal quotidien. Dessinateurs principaux : Cham, Daumier, Draner, Stop, Grévin. Il fut publié en petit format (du 25 septembre 1870 au 5 mars 1871) et fut suspendu complétement du 22 avril au 11 juin 1871.

La Chronique illustrée reprend le 11 décembre 1870 sa publication interrompue depuis le 21 novembre 1869. Quelques rares caricatures.

La Commune burlesque, par Pifp et Trilby. 2 numéros, sans date.

L'Éclipse. Dessinateur principal : André Gill. Ce journal, qui paraissait depuis le 26 janvier 1868, fut interrompu dans sa publication le 18 septembre 1870 pour ne reparaître qu'en juin 1871. Pendant cette période il y eut 5 suppléments de Gill.

L'Esprit Follet. Principal dessinateur : Guido Gonin. Interrompu le 10 septembre 1870, ce journal reprend sa publication le 20 juillet 1871 ; dernier numéro le 9 novembre 1871.

Le Fils du père Duchène, illustré, par Duchène fils (du 1er floréal au 4 prairial an 79). 10 numéros.

La Flèche, par Rosambeau (du 1er au 15 avril 1871). 2 numéros.

La Fronde illustrée, par Montbard (27 avril 1871). 1 numéro.

Le Grelot. Dessinateur principal : Bertall. Ce journal parut pour la première fois le 9 avril 1871, et n'a pas cessé, depuis ce jour, sa publication.

La Guêpe, par Spills (21 mai 1871). 1 numéro.

Le Gugusse. 5 numéros. Dessinateurs principaux : Belloguet et Ladreyt (du 25 juin au 23 juillet 1870).

Ho! hé! le Prussien! Dessinateurs Lemot et Moloch. 1 numéro sans date.

Le Journal amusant. Principaux dessinateurs : Grévin, Randon, Darjon, Lafosse, etc. Interrompu le 24 septembre 1870, ce journal reprend sa publication le 1er avril 1871, mais n'eut qu'un numéro ; il reparut définitivement le 10 juin 1871.

Le Lampion, par E. E. 5 numéros.

La Lutte, par H. Devare. 1 numéro spécimen sans date.

Le Monde pour rire. Dessinateur : Lemot. Interrompu le 23 août 1870, il reprend sa publication le 3 septembre 1871. Dernier numéro, le 15 octobre 1871.

Le Monde illustré, quelques caricatures de Cham, belles compositions d'Edmond Morin.

Le Moniteur de la République. Numéro 2 (26 septembre 1870), caricature par Randon.

La Némésis galante, en-tête de Graff (29 avril 1871). 1 seul numéro.

L'Obstacle, par H. Devare. 1 numéro spécimen, sans date.

Paris-Caprice. Ce journal, qui paraissait depuis le 14 décembre 1867, fut arrêté dans sa publication avec le numéro du 27 août 1870. Dessinateurs principaux : Grévin, Sahib, Robida.

PENDANT LA GUERRE ET LA COMMUNE (1870-71).

Le Petit Journal pour rire. Quelques dessins de Grévin.
Paris Comique. Dessinateur principal : Draner. Dernier numéro, 3 septembre 1870.
Le Petit Rappel, 3 croquis de Gill (du 24 au 26 juillet 1870).
Petit Journal comique. Dernier numéro, numéro 72.
Polichinelle. Dessinateur principal : Montbard. 10 numéros du 26 mai au 18 août 1870.
Le Prométhée, par les prisonniers français. *Spandau*, 1871. 8 causeries (le tout est renfermé dans une couverture). Editeur et imprimeur E. Horf.
Le Prussophage, par Germain. 1 numéro sans date, imprimé à Bruxelles.
La Puce en colère, feuille satirique, par De Frondas. 4 numéros.
La République à outrance, par Régamey. 2 numéros du 8 au 18 février 1871.
La Revue comique, fondée par Bertall. 10 numéros du 15 octobre au 17 décembre 1871. Cette publication ne se rapporte guère à notre travail que par une série de 4 planches de Cham intitulée : *Ces Dames*, sur les femmes de la Commune. On peut ajouter quelques croquis de Bertall dans le texte.
Rigoletto, par Ladreyt. 2 numéros (du 24 au 30 mars 1871).
Le Salut public, par Régamey. 1 numéro (11 septembre 1870).
La Sentinelle, par H. Demare. 1 numéro spécimen, sans date.
La Scie, par Moloch. 2 numéros, sans date.
L'Univers illustré. Quelques caricatures de Cham.
La Vie Parisienne, journal hebdomadaire. Suspendu du 10 septembre 1870 au 8 juillet 1871, il a publié pendant cette période un numéro spécial : *la Vie Parisienne pendant la guerre*. Dessinateurs principaux : Bertall, Morin, Régamey.

La Folie. — Pantins que vous êtes, dansez, mes amours,
La mort à la république. — De vos pirouettes on ne rira pas toujours

APPENDICE

CARICATURES PUBLIÉES EN BELGIQUE (1)

BREYER, éditeur. BRUXELLES.

Sans numéro. 2 croquis: I. *Eh, pien, ma petite Luis*, etc. — II. *Mama, water is papa*, etc.
2. *La Trinité de la paix.*
3. *Le Sire de Fish-ton-kan.*
4. *Jules Favre. — Pourquoi l'avons-nous nettoyé*, etc.
5. *Exploits du roi Chilit à l'archevêché à Reims.*
5. La même pièce, sans indication de numéro.
6. *La Flotte prussienne.*

(1) La plupart des caricatures belges n'étant pas signées, il nous a paru préférable de les classer non plus par noms de dessinateurs, mais par noms d'éditeurs.

LES GÉNIES DE LA MORT.

7. 2 croquis : I. *Le Roi : Partie gagnée!* etc. — II. *Adieu, riant pays de France*, etc.

Le croquis n° II a paru séparément imprimé en rouge.

8. *Les Moblots et les pompiers.* 4 croquis.
9. *Ferons-nous la paix.* 2 croquis.
10. *Attention, Jetque, conduis-nous*, etc.
11. 2 croquis : I. *Ne pouvant (voulant) mourir*, etc. — II. *Le garde. Les voyageurs pour Berlin*, etc.
12. *La Folie.* — *Pantins que vous êtes*, etc.
13. *Voyez, c'est nous qui sommes la civilisation.*
14. 3 croquis : I. *Que Votre Sainteté se console*, etc. — II. *Bismarck. Guillaume enfonce-lui*, etc. — III. *Nouvelle carte de l'Empire d'Allemagne.*
15. *Petit imbécile, ce n'est pas à ces gens-là*, etc.
16. *J. Favre.* — *Allons, mon vieux*, etc.
17. *Guillaume.* — *Eh bien, ma petite*, etc.
18. *Son horoscope.*
19. *L'Intrigue des grands*, etc.
20. *Ce qui se ressemble s'assemble.*
21. *Guillaume souffle, souffle*, etc.
22. *Sauvages, eh bien*, etc.
23. *Le Roi.* — *Bismarck débrouille-toi*, etc.
24. *Ici on enseigne la liberté.*
25. *On demande une bonne nourrice*, etc.
26. *M. Thiers.* — *Que voulez-vous?* etc.
27. *Les Postulants à la présidence*, etc.
28. *Bismarck.* — *A leur santé*, etc.
29. *Leur Dernier Refuge.*
30. *Une Tiare, s. v. p.*
31. *Nous ne nous mêlons pas de vos intrigues.*
32. *La main qui donne, la main qui reçoit.*
33. *Les Belges sont égaux devant la loi.*
34. *Le curé.* — *Lors de ton mariage*, etc.
35. *Lessive ministérielle.*

(Sans numéro). *Calendrier de 1871.* — *Une musique allemande qui coûte cher.*

CHEVAL, éditeur, BRUXELLES et LILLE.

Rentrée triomphale à Berlin.
Après un mauvais coup.
2 bis. *Est-ce que sa hotte n'est pas encore assez remplie.*
III. *Le Bain de sang* (Lille).
3. *Le Triomphe de la Monarchie* (Bruxelles).
4. *Châtiment* (Lille). — 4. — *France : Thiers, rendez-moi ma maison*, etc.

5. *Des fonctions que rempliront*, etc.
6. *Un arbre de Noël à Versailles.*
Les amis de l'Ordre.
Le cas de ces MM. d'Orléans.
Dieu protège la Prusse.
Symbole de l'époque actuelle.
Chimie diplomate. (Bruxelles.)
    Signée : E. G.
Triomphe de la Restauration. (Bruxelles.)
    Signée : EDMOND GUILLAUME, 1870.
L'honneur est ébréché, etc. (Bruxelles.)
    Signée : E. G.
LES GÉNIES DE LA MORT. In-fol.
 Sans numéro). *Napoléon III.*
    Non signée.
(Sans numéro). *Pie IX.*
    Signée : E. GUILLAUME, 1870.
(Sans numéro). *Guillaume.*
    Non signée.
4. *Bismarck.*
    Non signée.

DEST (Max), éditeur. BRUXELLES.

Badinguet au pilori. In-8.
Débauches, libertinage et satyriasisme de Badinguet. Petit in-18 imprimé sur papier jaune.

DOSSERAY, éditeur. CUREGHEM.

Statue à élever à la mémoire du vainqueur et à l'ambitieux destructeur du genre humain. 1870.
Napoléon, marchand de peaux de lapins.
    Signée : (H. G.).
La Lutte à outrance. — *Guillaume et la France.* 1870.

JAUGEY, éditeur. FOREST-LÈS-BRUXELLES.

Avant la guerre sur l'air de Fleur de thé (n° 1).
Ces messieurs se verront arrêtés dans leur voyage, etc.
Je n'ai pas de veine, mais n'oublie pas, etc.
Les Chapardeurs célèbres. 1870-1871.

PENDANT LA GUERRE ET LA COMMUNE (1870-71).

L'Hiver de 1870-1871, à Wilhemshoë.
Une apothéose. Sans nom d'éditeur.
Une apothéose. Jaugey, éditeur.
> Tirage en réduction. (Collection Sarlande.)

La Note de Guillaume. Sans nom d'éditeur.
Les Héros du jour. — 1. *Paon couronné.* — 2. *On parlera longtemps de ses exploits*, etc. — 3. *En a-t-il enlevé de cette façon*, etc.

PUISSANT (V.), éditeur. BRUXELLES.

Mon petit Empire, s'il vous plaît. — Protestation de Badinguet contre sa déchéance.
> Signée : Gheldolf.

Apothéose de Badinguet. In-8.
> Signée : Gheldolf.

Professions de foi des candidats au pouvoir en France. In-8.
Le Forçat évadé, ou Badinguet en rupture de ban. In-8.
Congé définitif. In-8.
Crimes et folies de Badinguet. Petit in-18 oblong.
Badinguet à la tête d'âne. Petit in-18 oblong.
L'Aigle impérial déplumé. Petit in-18 oblong.
La Fin. Petit in-18 oblong.
Confession de Badinguet. Brochure de 8 pages.
Les Clubs des femmes patriotes.
Les Amazones parisiennes, ou les Dames de la Commune. In-8.

SACRÉ (L.), éditeur. BRUXELLES.

Nul n'osait au coquin attacher l'écriteau, etc.

SACRÉ-DUQUESNE (Ch.), éditeur. BRUXELLES.

N'ayant pu mourir à la tête de mes troupes, etc.
N'ayant pu mourir, etc. Sans nom d'éditeur.
> État différent ; notables différences dans le dessin.

Deux coupons pour... Charenton.
Deux coupons pour... Charenton. Sans nom d'éditeur.
> État différent ; notables différences dans le dessin.

Le Roi. — Derteiffel, mon bain de siège est brûlant, etc.
Les Fonctions de Napoléon à la cour de Prusse. Sans nom d'imprimeur.
> État différent du précédent ; notables différences.

Rentrée à Berlin.

Rentrée à Berlin. Sans nom d'imprimeur.
    État différent, notables différences.
L'Hiver de 1870-1871 à Wilhemshoë.
Promenade triomphale à travers l'Allemagne.
    Contrefaçon belge de la caricature de *L. Paul.* (V. page 139).

SANS NOM D'ÉDITEUR.

18 ans d'indulgence au nom du Père, du Fils, et ainsi de suite. Sans nom d'imprimeur.

N. B. Il est accordé 18 ans d'indulgence, etc. Sans nom d'imprimeur. (Déposé.)
    Différences très notables avec le précédent.

Après la guerre : Guillaume retourne en Prusse, etc. Sans nom d'imprimeur.
    Signée : *E. G.*

Maitre (sic) *et apprenti.* Sans nom d'imprimeur (Londres et Bruxelles).
    Signée : *Maurice Richardt.*

Imp PILOTELL   EN VENTE PARTOUT

TABLE DES DESSINATEURS

	Pages.		Pages.
Anonymes, avec attribution de dessinateur.	176	Alix.	2
		Allard-Cambray.	2
Anonymes sans attribution de dessinateur.	173	Allemagne (d').	3
		Amelot.	3
Anonymes édités en province.	186	Amorousmau, éditeur.	3
Alexis.	1	Ancourt.	4

TABLE DES DESSINATEURS.

	Pages.		Pages.
Andrieux	4	Duchenne	43
Artigue	7	Dumontel	43
Balsamo	8	Dupendant	43
Bar	8	Dutasta	44
Baudet	9	E. D.	44
Baylac	10	Evrard (Emile)	45
Belloguet	11	Farolet	46
Bemindt	13	Faustin	46
Benière	13	Félon	64
Bernay	14	Ferdinandus	64
Bertall	14	Ferrat	64
Bibi et Lolo	16	Feyen-Perrin	64
Blocquel	16	Filozel	64
Bonnard	17	Flambart	64
Boutet	17	Freville	65
Brossier	17	Frondas (de)	65
Brutal	18	Fuschs	71
Cambronne	19	(Signé :) G.	87
Cham (H.)	19	Gabillaud	72
Cham	19	Gaillard	73
Choubrac	25	Gaillard fils	73
Chouquet	25	Gastineau	74
Coco	26	Gédéon	74
Coinchon	26	Gill	75
Coindre	26	Gonin (Guido)	81
Corseaux	27	Graff	81
Courtaux	29	Grand-Diable	81
Courtoujours	30	Grévin	81
Damourette	31	Grognet, éditeur	82
Darjou	31	Gross	87
Daumier	32	Guérin	87
Deforet et César, éditeurs	34	Hadol	88
Demare	34	Hastard	91
Deniau	37	Hayard	91
Denoue	37	Herluison	91
Derville	37	Holb	92
Dichaux	37	Houpillart	93
Dictys	37	Houssot	93
Doerr (?)	38	Humbert	93
Domingo	38	Huyot	94
● Doré (G.)	38	(Signé :) I.	95
Doteul	38	James	95
Draner	38	Janet-Lange	96
Dreux	42	Job	96
Dubois	42	Juvénal	96
Duchêne fils	42	Ka-mill	96

TABLE DES DESSINATEURS.

Nom	Pages
Kapé	96
Kaulbach	96
Klenck	96
Kretz	106
Ladreyt	108
Lafosse	109
• Laurens (Jean-Paul)	110
Lavrate	110
Lejeune	111
Lémot	111
Le Petit (Alfred)	112
• Lévy (Alph.)	115
Lewis	117
Longin	118
Lorentz	118
(Signé :) M.	119
(Signé :) H. M.	119
Maboul	119
Mailly	120
Marcia	120
Marcilly (de)	120
Marie (Adrien)	121
M. (J.), Marie (Jules)	121
Martain et Rey, éditeurs	121
Martial	122
Mathis	122
Meyer	123
Michel	123
Millet	123
Mobb	123
Moloch	124
Montbard	130
Mordret, éditeur	131
Morin (Edmond)	135
Morin (L.-C.)	135
Morland	135
Morsabeau	136
Mosnier	136
Narcy	137
Nérac	137
Nield (John)	138
Nix	139
Oh!	139
Patrioty	139
Paul (L.)	139
Pealardy et Grandperret	139
Péka	110
Pelcoq	110
Pellerin, éditeur	110
Pépin	113
Pescheux	114
Pilotell	114
Pinot et Sagaire, éditeurs	117
Pipp	117
Poudre et Matigo	117
Pradelles	118
Pudor	118
Puvis de Chavannes	118 •
P. (R.)	119
Quillenbois	119
R. (A.)	156
R. (A.) (Limoges)	156
Raff (Emma)	150
Randon	150
Régamey	151
Regnault	152
Renaudin	152
Renauld	152
Renaux	152
Robida	154
Roga	154
Rosambeau	154
Sahib	157
Saïd	157
Schmidt	158
Séguin	158
Selrac	158
Seybott	158
Shérer	158
Sobaux	159
Spills	159
Staal	159
Stick	160
Stock	161
Stop	161
Talons	163
Taltimon	164
Tapdur	165
Telliap	165
Théo	165
Tolb	166
Tremblais (de la)	166

214 TABLE DES DESSINATEURS.

	Pages.		Pages.
Untel,	168	Vol.,	171
Valentin,	169	Wentzell, éditeur,	171
Vernier,	169	Willaeys,	172
Vidal,	170	Xiat,	172
Vierge,	170	Zut,	172
Vivalds,	171		

APPENDICE. — Caricatures publiées en Belgique. 202

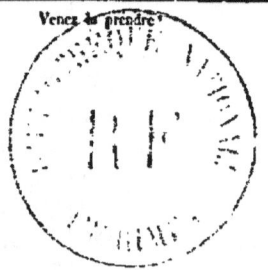

PIÈCES ANNEXES

(ERRATA OU OMISSIONS)

RECUEILLIES PENDANT L'IMPRESSION

Belloguet. — *Les Allumettes fantastiques*, sans signature. — Tirage différent. (Voir page 11.)

Gustave Doré. — *La Marseillaise.* — In-8, imprimerie Lemercier. Superbe pièce.

Draner. — *La Guerre à la Prussienne.* — Série de 29 planches. Au bureau de l'Éclipse, rue du Croissant :

Nos 1. Ruse de guerre.
2. L'Espionnage.
3. Les Emballeurs.
4. Ces Bons Bavarois.
5. La Croix de Genève.
6. Les Incendiaires.
7. Les Couverts d'argent.
8. Le Retour au pays. — Le Butin de Gretchen.
9. Vente pour cause de départ.
10. Le Bombardement.
11. Les Laissez-passer.
12. Une Visite aux Musées.
13. Qui se ressemble, s'assemble.
14. Les Réquisitions.
15. L'Espionnage.
16. L'Installation de ces messieurs.
17. Perception des taxes.
18. Dans les bois.
19. Les Récompenses.
20. Les Boulangeries.
21. Les Bureaux de poste.
22. Après le combat.
23. Les Exécutions.
24. L'Occupation de Paris.
25. Le Factage des pianos.
26. Les Otages.
27. L'Aménité de ces messieurs.
30. Le Traité de paix.
31. La Mission providentielle.

Les numéros 28 et 29 n'ont probablement jamais paru.

Cet album n'a été tiré qu'à un très petit nombre d'exemplaires (deux ou trois au plus). Il devait paraître aussitôt après la signature de la paix, mais il a été interdit par la censure, considéré comme trop violent contre les Prussiens.

Le titre n'en a jamais été composé. (*Note autographe de Draner sur l'exemplaire de la collection Wurtz.*)

Draner. — *Actualités militaires*. — Paris, Dusacq et Cⁱᵉ. — Imprimerie Lemercier et Cⁱᵉ.

> Série qui, d'après les renseignements fournis par la maison Jourdan, successeur de Dusacq, a dû être de 12 numéros.
> Elle parut au début de la guerre et a été interrompue par les événements.
> Ces pièces, même isolées, sont très rares.

Draner. — *Francs-tireurs de Nancy*, 1870. — Imprimerie Lemercier.

> Très belle pièce.

Gill. — *Le Rachat*. (*Éclipse*, n° du 11 février 1872.)

> Non tirée à part.

J. Gross (signé), 1871. — Propriété de l'auteur. Sans nom d'imprimeur ni d'éditeur.

> Superbe pièce in-folio.

Lorentz. — *Soldat du Christ*, 1870-71. — Sirouy, lithographe; imprimerie Lemercier.

> Superbe pièce in-folio.

E. Matthis. — *Strasbourg le 28 septembre 1870*. Imprimé par E. Simon à Strasbourg. Dépôt à Paris, chez Delarue.

— *La Pucelle*. — Dépôt chez Delarue.

> 2 superbes pièces in-folio.
> Il existe une réduction de *Strasbourg*, extraite d'un almanach de Pont-à-Mousson.

Morlon. — *Paris subit les horreurs de la guerre*. — Morlon pinx. et lith.; imprimerie Lemercier.

> Superbe pièce en couleur.

Pilotelle. — *Ah ben M...* (page 143), n'est pas de Pilotelle, mais de Sahib.

> C'est le tirage à part d'un dessin paru dans le second numéro de la *Caricature*, dont Pilotelle était le rédacteur en chef. Ce journal parut sous l'Empire, à l'époque du plébiscite.
> Quoique ne rentrant pas absolument dans le cadre de cet ouvrage, je crois nécessaire de donner la nomenclature de cette collection rarissime :

> Nᵒˢ 1. *Hommes qui dormez, réveillez-vous*, par Pilotelle (double page).
> 2. Première page. — *Ah ben M...*, par Sahib.
> Troisième page. — *A quand le Réveil*, par F. Régamey. (Ce dessin valut à Pilotelle deux mois de prison, comme gérant du journal.)
> 3. *L'Empire c'est la paix*, par Pilotelle.

> Le numéro 4 est introuvable; le bailleur de fonds ayant pris peur, le tirage en fut arrêté.
> A la même époque, une grande lithographie de *Pitotelle*, intitulée « !......... » fut publiée par *Polo*, aux bureaux de « *l'Eclipse* ».

PIÈCES ANNEXES.

Pilotelle. — *Avant, pendant et après la Commune* (voir page 147).

Cet album n'a été tiré qu'à 50 exemplaires.

C'est la perle de la collection des caricatures de 1870-71. Un exemplaire a été acheté 250 francs par le British Museum; — un autre a atteint en vente publique la somme de 625 francs. — Celui qui porte le n° 5 a été vendu à Bismarck.

Les vingt premiers exemplaires tirés ont sur la couverture le nom de Delatre.

Staal. *Thiers conserve Belfort à la France.* — Bulla, éditeur; imprimerie Lemercier.

Superbe pièce in 8.

Vaudoit. — SUJETS POLITIQUES. — Série de 12 pièces. — A Reims (15 mars 1871). (Collection TARDENT.)

Échauffourée de Boulogne (août 1810).
En 1846, vêtu en maçon, il s'échappa de la prison de Ham.
La France entre les mains de ses bourreaux.
Dans un moment d'ivresse il envoya sa déclaration de guerre.
Le bœuf conduit l'âne dans la souricière.
L'Exécutif prend à la France la bourse et la vie.
Les nouveaux acrobates de la foire.

C'est assez; tu as capitulé à Sedan et livré nos soldats.
Cinq milliards derrière lui passent en Prusse.
Chaque jour la presse lui reproche ses crimes.
Les compagnons de la mort. — A leurs victimes!
Messieurs, l'an pire est passé, il faut les gagner.
Napoléon, M^{al} Leboeuf et Ollivier perdent la France.

Ces pièces sont renfermées dans des étuis dont j'ai eu entre les mains trois spécimens différents. Ils portent tous trois le titre de « *Sujets politiques* ». — Mais les caricatures représentées sur les étuis diffèrent : « Armoiries de Badinguet III » — « Le tyran de la France au pilori » — « Au voleur! au voleur!!! »

Wentzell, éditeur (voir page 169).

Il existe un numéro 15 de la collection Wentzell. Ce n'est pas une caricature. Il est intitulé : *Bataille de Saarbruk*, sans signature.

Anonyme. — *Les Ambulanciers.* — Série de 9 pièces à l'eau-forte, sans signature.

IMPRIMÉ

PAR

GEORGES CHAMEROT

19, rue des Saints-Pères, 19

PARIS

www.ingramcontent.com/pod-product-compliance
Lightning Source LLC
Chambersburg PA
CBHW071945160426
43198CB00011B/1556